贝页
ENRICH YOUR LIFE

文学
七日谈

与梁永安聊文学

梁永安
刘盟赟
著

文匯出版社

写在前面的话

文学经验如何共享?

在大谈互联网"共享经济"的时代,一本正经地抛出这样的疑问,有点硬着头皮为文学刷存在感;如同在原本没有自己入围的比赛里,非要上场一搏,以此证明廉颇虽老,尚可大战三百回合。然而坐在场下的观众难免要揪着一颗心,这样霸王硬上弓,很容易闪了文学的"老腰"。

而我们之所以如此妄自菲薄于自己的文学生活,多少有些源于对文学存在固有偏见,认为写作与阅读是再个人不过的"私"事。当然,我这里谈的是日常生活中的文学阅读,也是弗吉尼亚·吴尔夫所谓普通读者的阅读;而学院里专业人士皓首穷经、发奋式的苦读与批评研究不在我们今天讨论的范围里。

细咂摸一番,自古以来的颜如玉与黄金屋,似乎都只是潜意识中的黄粱一梦,大都敷衍成传奇小说,博君一粲,没人当真。也因为这个"不当真",日常的文学阅读也就失去了被分享的动力,特别是在当下强调"时间管理"的快节奏社会,这样"不当真"的消遣岂能为实现人生价值赋能?而潜意识常常善于伪装,又有些羞赧,当自我与环境否定了它,它便真的不足为外人道了。一旦被曝晒于人人围观的互联网"旷野",便如同《龙猫》中的灰尘精灵,急于想要找个地缝钻进去。用现在的流行语概括就是"社会性死亡"。

其实文学的"私有化",是小说这门手艺得以茁壮成长的决定性基因，就像欧洲中世纪后逐步开始的土地私有化以及其他所有权制度，是刺激资本主义得以发展的基础。小说恰是得益于后者从而氤氲而生的。小说在"属于自我"的意识逐步觉醒的刺激下，迎来了它自己的黄金时代。然而"私有"不代表"只有"。小说的诞生也有它"共享"的一面。

就拿十八世纪简·奥斯丁的少年时代来说，在她和她的家人看来，她这些作品都是"少年的倾诉，是一种临时的娱乐消遣，家庭聚会上少不了简·奥斯丁带来的欢乐"[1]。在那个时代，小说作为文类的边界感还没有现在这么清晰，它和书信、日记一样，更多地承担着交流、娱乐、消遣的功能。简·奥斯丁那些写出来供家人"临时的娱乐消遣"的作品，其实就是一种"共享"。可以想象，在这样的家庭聚会中，简大声朗读着自己的作品，她的父亲会突然打断她，纠正她的一个单词发音；又或者，她的姐姐会在听到一个大家都还没有领会的讽刺段落后，捧腹大笑，搞得周围的人一头雾水。而这时的简，一定站在旁边，朝自己的姐姐莞尔一笑，那是姐妹间的默契；将近一个世纪后，托马斯·哈代的很多小说都是在报纸上连载的，就像金庸当年在香港连载武侠小说那样，读者和批评者会随时发表意见，作者看到后也会及时回应，甚至为此修改原本设计好的情节，这种交流和创作方式看起来也是一种共享；法国作家福楼拜写完他人生的第一部长篇小说《圣安东的诱惑》时，便急不可待地找来老家最好的发小，用了六个小时的时间为他们

---

[1] 原文引自奥斯丁·利：《回忆录》第40页。

全文朗读了自己的作品,这种"倾诉"的激情,可以说还是一种文学经验的共享。

因此,文学经验(无论是阅读还是写作),即使再私人化,都从来没有放弃分享的欲望。只不过,随着时代和技术的变化,人们选择交流、消遣的方式越来越多元,对文学经验的分享也就越来越提不起劲儿,愈加缺乏激情。在每个人都能说五分钟脱口秀的时代,花六个小时读一部小说给朋友听,确实会显得不合时宜,也缺乏耐心和耐力。也因为这样,当我们说文学经验可以共享时,其实是希望用共享的方式,让阅读文学作品重新成为人们的一种生活经验。

这次把大学里文学专业的学者、老师和一名普通青年读者放在一起,让他们以面对面聊天的方式深入小说之中,就是为了实现一次文学经验的分享与碰撞。

通过精选七部西方小说——《堂吉诃德》《十日谈》的中世纪到《傲慢与偏见》《包法利夫人》的十九世纪,再到《了不起的盖茨比》的"美国梦"以及《印度之行》《黑暗的心》的帝国主义时代——两个人带着各自不同的阅读经验与理解,面对相同的文本,进入小说和小说家的世界,实现了一次无限交谈。而之所以说是无限的,是因为两个人之前并不认识,全是因小说结缘,从而没有师生之谊,或者长幼之限带来的顾忌。这样两人的心思也才都能全放在文本与谈话上,从而引出小说内外更多的历史、人物、事件,甚至"八卦",让彼此的阅读经验得到快速的延伸与扩张。

这本小书也因为是一次无限交谈,所以难免显得凌乱,文字也源于是日常交流的整理所得而多少有些散漫。经过出版编辑专业的编排、整理和校对才有了今天相对整饬的面貌。作为一次共享文学经验的实践,如果读到这本小书的读者,能够通过书中的一言半语而对书里提及的小说本身产生兴趣,从而引发了阅读甚至重读它们的冲动,那么就是对这本书最大的鼓励了。

第一日 堂吉诃德

01 塞万提斯，或曰，千年一遇！ / 5
02 小说暴风眼，或曰，睁眼说瞎话 / 11
03 社会阶层扫描，或曰，五十岁出门远行 / 19
04 一路向南，或曰，面朝东北 / 25

第二日 十日谈

01 在哪集合？或曰，时间都去哪儿了？ / 37
02 海淫海盗，或曰，山下的女人是老虎！ / 45

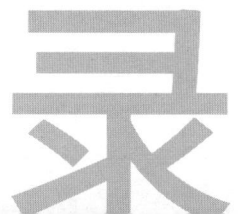

Contents

第三日 傲慢与偏见

01 涂鸦上瘾的蓝袜子才女,或曰,
中产阶级妇女开始写作了! / 67
02 令人惊喜的尤物,或曰,爱情万岁! / 80
03 双向奔赴,或曰,我们不一样! / 85

第四日 包法利夫人

01 福楼拜的对称性,
或曰,布尔乔亚恐惧症 / 98
02 二十个村庄里的包法利夫人,
或曰,包法利夫人就是我! / 115

第五日 **了不起的盖茨比**

01 美国梦，或曰，一门心思"搞钱"！　/ 131
02 纽约，纽约，或曰，挥金如土的爱情！　/ 141
03 禁酒令，或曰，一醉方休！　/ 153

第六日 **印度之行**

01 去印度，或曰，成为英国人！　/ 163
02 转型之作，或曰，我想我不是个小说家！　/ 177
03 讲故事，或曰，低级的返祖形式！　/ 188

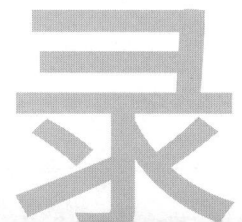

第七日 黑暗的心

01 做个波兰人,或曰,永不回头! / 201
02 康拉德的鞋子,或曰,时间之洞 / 213

附录:康拉德的鞋子
——《黑暗的心》中的时间之洞 / 221

堂吉诃德
Don Quijote de la Mancha

■ 若无特殊说明,本日引文内容均出自塞万提斯:《堂吉诃德》,杨绛译,人民文学出版社,1979年。

■当时欧洲贵族社会的习俗，你要跟人家结婚，就要送颗钻石，而一颗钻石，一般要把一个男人十几年的积蓄都花出去。▲在当时的骑士阶层中，很多人都是非长子的贵族后裔，他们血统高贵却囊中羞涩，这些人很多终生单身，这可能就是当下"单身狗"们的祖师爷爷。●但一个人长时间独自生活，他的情感总需要一个寄托，在中世纪骑士文化里，这种臆想的寄托大都是有夫之妇的贵妇人。

● 全书宋体字为梁永安,楷体字为刘盟赟,仿宋体字为引文。特此说明。

塞万提斯，或曰，千年一遇！

提起哈姆雷特，大家都会说"一千个人心中有一千个哈姆雷特"。但认真想想，当人们谈及《堂吉诃德》时，脑海中却总出现同一个形象——一个理想主义的滑稽老骑士。这个形象如此深入人心，几近不需质疑。在你心目中，《堂吉诃德》是一部怎样的作品？

大概在二〇〇〇年，有一个面向全球的文学作品评选，这次评选十分重要。当时刚好是新旧世纪的交替，所以他们要评选的是从公元一〇〇〇年到二〇〇〇年这一千年里最伟大的一部作品，请注意，是唯一一部。在这一时间区间下，有如雷贯耳的各路"神仙"：莎士比亚、托尔斯泰、简·奥斯丁、福楼拜、马尔克斯等，他们声名远扬，其作品也为世人所熟知。但是，最后的赢家是塞万提斯的《堂吉诃德》。

当时我比较偏爱俄国作家，比如陀思妥耶夫斯基。我觉得陀思妥耶夫斯基所描绘的俄国，是真正的人的俄国，他的作品里有一种十九世纪的精神风景，和他所处的社会有一种深度的互文性。所以在某种程度上，我觉得他比托尔斯泰更伟大。

然而他也不是那个"千年一遇"！这就引发了我的好奇。

一千年属于"大历史"，哪一部作品能够涵盖这样宏大的历史本质？客观来说，哪一部作品都不能。反过来说，每部优秀的作品又或多或少"盖"住了那么一点。因此，我觉得这应该是个概率问题。堂吉诃德属于人群中百分之零点零零一的那种人，而改变历史的往往就恰好是这种人。在堂吉诃德身上，你可以认出哥伦布，认出布鲁诺，认出马丁·路德，但如果堂吉诃德仅仅是一个和他们一样实在的人，他就被局限住了。他虽然会变得真实，却被稀释了价值。佛家讲"我执"，一旦"执"，真佛便不可见。所以塞万提斯非常巧妙地用一个半疯半癫、自不量力、跨越时空、跨越身份、孤独而不被理解的角色，穿梭于虚实之间，表达出了这一千年里那群百分之零点零零一的人的特征。平衡虚实也属于小说艺术的三昧。

有趣的事情是，塞万提斯没有忘记那些百分之九十九点九九九的人。桑丘就是"大多数"的代表。只是桑丘不沉默，他不仅不沉默，而且非常聒噪。他代表的现实世界是世俗的，与堂吉诃德的理念世界截然不同。后者创造历史，前者在其中享用。所以要知道，历史不能没有前者，否则后者的历史只是一堆失去活性的废纸。堂吉诃德和桑丘这对搭档相得益彰，恰恰涵盖了某种人类演进过程的本质。我想这也是它成为"千年一部"的原因。

历史轴线上的人

你刚才讲到历史的本质。从世界史的角度看，一四九二年哥伦布发现美洲新大陆被认为是"世界的开端"和"全球化进程的开始"。而塞万提斯和他的《堂吉诃德》都恰好诞生于这一时期。塞万提斯出生于一五四七年，《堂吉诃德》完成于一六〇五年到一六一五年之间。某种程度上，我们在今天谈及《堂吉诃德》的同时，也在通过这部作品了解近代人类历史的起源。

是的，塞万提斯活在一个关键的历史坐标点上。人们在谈《堂吉诃德》时往往会谈到中世纪。从西罗马帝国灭亡，到后来蛮族入侵，欧洲世界面临重新组合，而这一组合就是基督教教化下的中世纪文明。这一历史分期大致于一五〇〇年截止，前后跨度达一千年。人们通常也称其为"漫长的中世纪"。中世纪是一个神权至高无上的时代。人不需要思考，因为信仰是不需要理性的，更不需要你有自己的判断。包括后来，即使新教改革，马丁·路德还是号召我们做一个大傻瓜。这也就是克尔凯郭尔所讲的理性世界推导不出信仰。

而这漫长的中世纪在塞万提斯出生时结束了。他迎来的是现代社会的开端，新工商业文明的起步。他从那个旧世界里走出来，像达·芬奇的蒙娜丽莎一样，首先面对的一个问题便是"换世界"。曾经，绘画作品的背景是天使、圣徒、上帝；现在，它们的背景变成了自然世界，也即现实。在那一代艺术家的创作之初，他们撞上的便是"换世界"的问题。从这个角度看，塞万提斯如何触摸这个世界，如何感知这个世界，便是一个很有意思的问题。

从已有的一些资料看，塞万提斯没正儿八经上过什么学，但他和堂吉诃德一样嗜书如命，那时正式的出版物很少，大都是宗教小册子，且非常昂贵，书是那个时代的奢侈品。因此，哪怕在街上看到什么纸头，只要上面印着字，塞万提斯都会捡起来，然后津津有味地阅读。

我觉得这一点非常重要。这说明这个人天生就有一种对超出自己日常经验的东西的渴望。塞万提斯所处的时代，就像罗丹那个著名的雕像《青铜时代》所表现的——人刚刚走出原始的旷野，看到大世界，这世界刺眼、炫目，又令人渴望——塞万提斯本质上就是这样的人。

这种特质导致了他多层次的、起起落落的人生：一五六九年因刑事纠纷出逃意大利，藏身于罗马；一五七二年，也即他二十五岁的时候，参加了历史上著名的勒班陀海战[1]，为此造成左手终身残疾；回国途中被俘虏到北非五年，成为穆斯林的奴隶，其间多次逃跑又被抓回。后来终于被赎回祖国，却穷困不得志；当过吃力不讨好的战争收税官，对工作尽心尽力，从不动歪脑筋，却因此得罪人吃了官司，锒铛入狱。

我认为塞万提斯有一种极限生存的本领，某种程度上，《堂吉诃德》这部小说讲的也是极限生存。塞万提斯的种种外在经验，早就蕴藏在生命里头，并逐渐转化，形成我们刚刚提到的"换了的世界"。而这一转化过程通过他触摸世界的方式——写作——展现了出来。《堂吉诃德》的出版，其实是假借堂吉诃德，表达了塞万提斯和这个世界之间的相互关系，那里有不甘、后悔、骄

---

[1] 勒班陀海战：在1571年奥斯曼土耳其帝国强大的海军向欧洲发起进攻时，由西班牙殖民帝国、罗马教廷和威尼斯组成的联合舰队与奥斯曼舰队在勒班陀海角发生的一场大战。

傲、愤懑等复杂的情况。他和世界关系的处理方式,也成为小说这一文体在后世占据主流文学艺术形式的关键所在。

你提到了塞万提斯的写作方式,我想它是和之前中世纪,甚至古希腊罗马时期的写作方式截然不同的。之前的作品往往自上而下地去表达,是高雅的诗的语言系统,以固化的文体和格律来制约表达,控制创造者的感官,即使有完全民间的文本,也多是结构松散的口头文学类型,其成熟度远远不够。而塞万提斯尝尽人生百态,游走在地中海的大陆与海洋、岛与半岛之间,那种视野和感知方式是全新的,或者说是属于小说的方法论。

所以我们说,他是活在历史轴线上的人。

● 美人并不个个可爱,有些只是悦目而不醉心。

小说暴风眼，或曰，睁眼说瞎话

以"不在"作为"在"的基础

中世纪的文学，包括宫廷骑士文学和宗教文学，它们之中是没有世俗生活的。《堂吉诃德》虽然以幻想作为叙事的内驱力，但实际上在他幻想的盒子外围全部是赤裸而残酷的现实世界。塞万提斯通过小说中那些活在现实中的人物嘲笑幻想、讽刺幻想、捉弄幻想，却反手证明了现实的顽固本质。这种以"不在"作为"在"的基础的技巧，是我很想和你探讨的。我们姑且将其称为"睁眼说瞎话"。全书中最大的"瞎话"无疑是女主人公杜尔西内娅。这个堂吉诃德幻想出来的人物根本不存在，却又无处不在。

在写法上这么做是非常巧妙的。骑士身份，如果从阶层来看，与中世纪长子继承的背景，或者说与贵族头衔的长子世袭制是分不开的。与中世纪的欧洲相比，中国古代的继承制相对是均等的。假设一个地主有五个儿子，每个人都分到差不多的财产和土地，这样就会出现一个不断的消耗——从一个大地主变成五个中地主，五个中地主又会变成几十个小地主，最后再分解，变成了自耕农，甚至贫农。在欧洲，长子继承制保证了贵族阶层的稳定性、纯粹性，比如城堡及周围土地的产权不会被稀释。但这样一来，其他子女就只能分到很少的一点，有的除去基本的生活费，根本不够成家立业。所以他们一般都到三十五六岁才敢有成家的打算,这是因为到了那个年纪,他们才能积攒下一些钱,有稳定的财产。

这让我想起《傲慢与偏见》开篇有名的那句:"有钱的单身汉总要娶位太太,这是一条举世公认的真理。"[1]简·奥斯丁所言的"有钱的单身汉"应该就是三十五岁朝上的男人。

当时欧洲贵族社会的习俗,你要跟人家结婚,就要送颗钻石。而一颗钻石,一般要把一个男人十几年的积蓄都花出去。在当时的骑士阶层中,很多人都是非长子的贵族后裔,他们血统高贵却囊中羞涩,这些人很多终生单身,这可能就是当下"单身狗"们的祖师爷爷。但一个人长时间独自生活,他的情感总需要一个寄托,在中世纪骑士文化里,这种臆想的寄托大都是有夫之妇的贵妇人。

因为贵妇人是有夫之妇,所以骑士的爱情肯定是不可能实现的,那是一种纯粹的精神恋爱。这种想象是迫于经济压力的无奈,可也使骑士保持了一种较高贵的精气神,避免了他们如常人般陷入家庭场景的凡俗日子中。但这种日常生活恰恰是新时代里工商业文明的核心价值,也是堂吉诃德周遭那些人的生活现实。可堂吉诃德自己是拒绝的。

---

[1] 原文:It is a truth universally acknowledged, that a single man in possession of a good fortune must be in want of a wife.

■恋爱是戴着眼镜看东西的,会把黄铜看成金子,贫穷看成富有,眼睛里的斑点看成珍珠。

真假杜尔西内娅

杜尔西内娅是堂吉诃德作为骑士的精气神！他拒绝在一地鸡毛中消解掉自己有关英雄的梦想。塞万提斯刚从中世纪走出来，相当于从封建社会一端向工商业社会一端过渡，站在历史的中间地带，他的创作动机很堪玩味。

杜尔西内娅这一笔写得非常好，在那个时代能写出这样一种感情是难能可贵的，从当今社会的角度去看，很多人应该会感到汗颜。现在那么多年轻人去相亲，想着"脱单"，但很难说谁真的能在心里装下一个爱人。人们分分合合，往往过得恓恓惶惶，不可终日。他们无法体会堂吉诃德这种内心生活。今天很多人谈及的爱情，就是一个世俗的愿望。当然我们也说，这种内心的精神恋爱是有一个西方历史文化的背景在支撑着的。

骑士阶层和作为单一个体的骑士，通过幻想与考验，最终取得大致圆满的故事，是中世纪特有的产物，而塞万提斯将它的躯干嫁接到新时代小说这种文体上，释放出前所未有的能量。

也许这个能量连塞万提斯本人也未曾意识到。杜尔西内娅代表着信仰。人文主义兴起后，爱情这一主题从以前的中级主题一跃成为高级主题，尽管在《堂吉诃德》中，杜尔西内娅是虚拟的，但爱情实际替代了原来的上帝以及宗教文学中那些神圣的主题。所以杜尔西内娅虽然是虚构的，但她却意味着一种绝对价值。

在大家最熟悉的堂吉诃德大战风车的情节中,当堂吉诃德即将准备冲向"风车巨人"之时,"他说罢一片虔诚向他那位杜尔西内娅小姐祷告一番,求她在这个紧要关头保佑自己……"从信仰的角度审视这段话,杜尔西内娅确实就是上帝般的存在。

另一方面,塞万提斯也通过杜尔西内娅这样一个"说瞎话"的叙事轴心,建构了小说独特的张力。骑士文化是过去时代的产物,是过去时,而堂吉诃德的出身也如骑士身份的本质一样,是一个穷绅士,他虽然向往骑士的武功,却又对现实中自己的身份不满,他的远游,某种意义上也是对现实生活无法忍受但又忍受过久的一种逃避(否则也不会都五十多岁"高龄"了还要出门)。反过来,向现实出走,现实却早已改换门庭,成为工商业文明的世俗世界,骑士成为奇观而非英雄,被嘲笑而非被欣赏。这就构成了一种张力——看似是主人公内心的幻想支撑了全书,但实际上是对现实主义的模仿达到了读者最终对主人公的深度同情。这种空心化的结构是《堂吉诃德》对后世现实主义小说的一大贡献。

杜尔西内娅的空心,如你所说,其实是一种历史性的空心。杜尔西内娅这类形象,转换了古希腊时代人们面对世界的审美方式。你看,古希腊神话里的很多女神比中世纪的贵妇人更具人间气息。这种将人性和神性融合在一起的方式就造成了一个所谓"空心"——因为真实生活中不存在这类人。

在《堂吉诃德》这部小说中，女性要么是米戈米公娜公主那样的贵族或有钱人家的女儿，要么就是罗德利盖斯那样的仆人或村妇。

怪不得桑丘在第一次听到杜尔西内娅的名字时对她会是这样的形容：

她是我很熟悉的。我可以告诉你，她会掷铁棒，比村子里最壮的大汉还来得。天哪，她多结实啊！身子粗粗壮壮，胸口还长着毛呢！哪个游侠骑士或在外浪游的人娶了她，即使陷在泥里，她也能一把胡子揪他出来。

在一个阶层差距特别大的社会里，这两样东西是不可能重叠的。因此用一种虚拟的人物来完成这种叠合就成为必然，所以我才说杜尔西内娅的出现意义重大。她把历史性和空心化结合起来。这种结合，不像后来康拉德、赫尔曼·黑塞那些人搞的空心化，那些完全是另外一种空心化。比如康拉德的黑人水手，实际上在他的小说中，这类人物代表大陆文明对海洋文化造成的一种巨大恐慌，如同硫酸滴到水里使水沸腾，一个黑人"异己分子"造成整条船分裂。它可以算是一个叙事引擎，起到内部转化功能。而《堂吉诃德》不一样，塞万提斯把一个很大的历史性断裂，凝聚在杜尔西内娅这么一个虚拟的人物身上，历史在一种不存在中被重新启动。

谈及杜尔西内娅，也让我想到女性文化在中世纪的强封闭性。我曾看过一项研究,说的是女性与男性在现代社会的差距,要再经过两百年左右的时间才能实现真正意义上的平等,更不用说在中世纪刚结束的时代了。在《堂吉诃德》中,除了杜尔西内娅这样一种神性的存在,你还会看到塞万提斯也描绘了男女之间巨大的不平等,其中不乏作者本人的历史偏见。这也就说明了一个问题——描写女性特别难,因为女性是一个长期被压制的主体,其悲剧宿命感特别强。男性求婚,单膝跪地,献上钻戒。那一瞬间看似把选择权交给了女性,女性一下子好像变得很重要了,但太多的历史故事告诉我们,对于男性而言,这套流程其实就是场游戏,因为他知道你必然会接受,本质上并非真的让你来决定。这个游戏玩得越大,越真诚,他的自我煽情化和娱乐感就越强。

▲请原谅我，朋友，虽然我做了很多蠢事，但如果可能的话，我愿意让你出任个王国的国王。

社会阶层扫描,或曰,五十岁出门远行

骑士文化

我们刚刚谈到骑士文化,这让我想起了一段中世纪的诗歌,翻译过来的大致意思是:

> 女人,骑士,武器,爱情
> 宫廷,武功,我为它歌唱

支撑杜尔西内娅存在的,就是围绕以上种种意象所产生的骑士文化。然而这种骑士文化在塞万提斯的时代,却是以滑稽的形象被人们记住的——一个瘦高的老男人,披挂着不合时宜的破旧盔甲,身边跟着能说一嘴俏皮话的仆人桑丘。骑士早已变成明日黄花,不合时宜了。

西方在中世纪有两个权——王权和神权。神权更具决定性。历史上发生了多次王权与神权的冲突,结果大都是神权获胜,王权妥协。也因此王权一旦被神权认可,便相对趋于稳定,实现法统的合法性。而骑士这个阶层,首先是出于政治目的而存在的,武功是其核心竞争力。任何领土都需要一个武装力量来维护自己的秩序,骑士在这一点上和日本武士的角色差不多。但一旦政局稳定,戎马生涯与建立事功脱离关系,骑士便成为爱情神话的男主角,而这些爱情,我们刚刚说过,大都是单相思,这就造成他们宗教上的纯洁性、圣洁性(这在中世纪是非常重要的品质),由此,也就成就了我们今天熟悉的"圣骑士"这一名词。这样一来,骑士阶层能在王权和神权中进行某种弥合,将自身的贵族属性与宗教的神圣性同封建君主制融于一身。

骑士真正开始具有传奇色彩,大概是从十字军东征[1]开始的,在这之后,教会出于宗教的利益也开始为骑士举行受封仪式。骑士文化本质上还是封建时期的宫廷文化,在爱情主题之前,它强调事功,法国的《玫瑰传奇》《罗兰之歌》都是个中代表,主人公经历冒险,保持尊严,获得荣誉,用奥尔巴赫的说法,"这一切都充满了童话色彩"。那时的骑士是一个非常体面的"工种"。有趣的是,随着骑士阶层的浪漫化,反过来也吸引了那些真正的贵族(继承了财产的长子及长子的长子们)去做骑士,而这些精英骑士们渐渐发展成为骑士团,到了城市文明蓬勃而封建制度式微时,这帮人又进一步转变为受人尊重的贵族慈善团体。

知识分子与现代小说

到堂吉诃德所处的时代则产生了一些变化。其一,骑士变成了穷得叮当响的小绅士。这让我想起小说开头塞万提斯交代:

---

[1] 十字军东征(1096—1291):罗马天主教教皇乌尔班二世发动的有名的宗教性军事行动,持续近200年,西欧的封建领主和骑士以收复被阿拉伯、突厥等穆斯林入侵占领的土地为由对地中海东岸国家发动战争,前后共计九次。

他那类绅士，一般都有一支长枪插在枪架上，有一面古老的盾牌、一匹瘦马和一只猎狗。他日常吃的沙锅杂烩里，牛肉比羊肉多些，晚餐往往是剩肉凉拌葱头，星期六吃煎腌肉和摊鸡蛋；星期五吃扁豆；星期日添只小鸽子：这就花了他一年四分之三的收入。他在节日穿黑色细呢子的大氅、丝绒裤、丝绒鞋，平时穿一套上好的本色粗呢子衣服，这就把余钱花光。

另一个变化就是年龄，余华写《十八岁出门远行》，但堂吉诃德都五十多了还要出门。年龄的设定就注定了他的不同寻常。最大的不寻常，在于通过堂吉诃德的漫游，或者说流浪，实现了一次在固化阶层之间的流动。他在其中接触到形形色色的人，他们有大地主、公爵、大商人，还有教士、穷学士，当然也有女仆、农民、强盗等。

我感觉在堂吉诃德这个人身上，可以衡量出其他各种各样的人，他就像一台X光机，对社会各阶层做了一次身体扫描。首先你会看见他这个人本身有一种高贵性，除了骑士精神外，还有一种人文知识分子气。他读各种各样的书，一辈子痴迷于书，这种特性是中世纪城市产生后才出现的，随着工商业的发展，大学开始在城市出现，大学和教会的"联姻"给非长子贵族阶层的年轻人提供了新出路（那时候读书往往是为了进入教会），让他们在面对人生选择时有了另一种自立性的方向。然而，最终能顺利进入教士阶层并实现财富自由的毕竟是少数。但无论如何，这产生了现代意义上的知识分子，也为后来人文主义兴起时,人们对人本身价值的赞扬储备了生力军。

在塞万提斯的时代,他通过这么一种疯疯癫癫的人物,黏合前后两个时代的文化类型,把形形色色的人物"搞"到一起。这是一个非常好的测试,能让读者跳出常理,解放出来。上到贵族大公,下到底层牧羊人,形形色色的人都跟他玩,且玩得活色生香。你会发现这里有两种价值,一种是堂吉诃德面对世界时疯癫的价值体系,即那种不平之心;另一种就是顽固的,来自现实的嘲讽。而塞万提斯的高明之处在于,他不让这两种价值简单地对立,而是不断内化它们,仿佛拧麻花。就像福柯讲的,对于疯癫,我们要将其合理化。

这也就是为什么《堂吉诃德》这部作品里的人物,除了堂吉诃德和桑丘外,可以简单分成两派,一派是加尔拉斯果、尼古拉斯理发师派,他们想要救治堂吉诃德;另一派则是公爵夫妇派,他们意在将嘲讽扩大化。但总的来说,他们都是在用现实的逻辑将疯癫合理化。

在那个时代,其实还不存在我们现在的中间阶层,或者说中产阶级。那时社会就是简单的上与下,而塞万提斯聪明地抓住了骑士和知识分子这个杂糅体,让他站在中间被上上下下地嘲讽。但也恰恰是这个中间位置——在未来属于中产阶级的历史台阶上,塞万提斯创造出了现代小说的初始形态。

你会发现堂吉诃德这个人物的合理性还体现在他的内心独白上,这个人物所有的"人间清醒"都是靠和自己说话完成的。

这也是为现代小说打开的重要的叙事空间。所以当桑丘终于被任命为"不让他留"海岛的总督的时候,你看堂吉诃德是怎么向他交代为官之道、待人之道、待己之道的。那两处文字是非常理性高明的。但你以为他真的是对桑丘说的吗?他只是通过桑丘,完成了一次自我独白。而这种自我独白渗透出一个我们非常熟悉的现代小说的主题——孤独。我觉得《堂吉诃德》这部小说之所以好,就是因为即使它这么杂糅,这么纷繁复杂,有这么多问题,但最后却能九九归一,落脚到人的孤独上,触发人物和读者强烈的悲悯之情。这种内心化的叙事,为现代小说打开了新的精神世界。

《堂吉诃德》让你看到一种活法,这种活法具有真正的人的那种合理性。这种合理性在塞万提斯的时代,已经不在宗教和封建领主身上了,而是在工商业文明发展起来后的中间阶层里滑动。反过来,它也会投射在被带入角色后的读者身上,让读者去认可这种在时代断裂地带里萌芽的新身份。其实在十七世纪初,人文主义还在摸索期,但我们从这部小说中可以看到很明显的进步,这恰恰是因为塞万提斯站在了一个新历史身份的破土之地,扫描出了时代递变这一截面。

- ●强求不可求
- 可求失于手▲

一路向南，或曰，面朝东北

堂吉诃德三次离家出走都与空间有着紧密的关系。我做了一个统计，堂吉诃德在小说上半部的行进方向是整体向南的，在炎炎七月的一个早上，堂吉诃德向蒙铁尔郊原[1]进发，之后书中提到托雷多、比索、拉比塞峡口以及塞维利亚。这是一条去往北非的路。塞维利亚在小说中是有点终点站意味的地方（实际上堂吉诃德并没有到达那里，但这个城市是塞万提斯童年和青少年时期曾生活的地方），在当时的欧洲，它是连接地中海和大西洋的咽喉。

下半部的行进方向是东北，目的地是我们熟悉的巴塞罗那，途经城市有萨拉戈萨。这也是往法国也就是欧洲腹地深入的传统路线，和意大利这一文艺复兴的策源地相接。一南一北，塞万提斯非常具体地描绘了堂吉诃德的流浪轨迹，而这背后似乎也大有深意。

地理或者小说的地缘分析是非常重要的。刚刚讲到骑士对封建王权和宗教神权有融合作用，那么西班牙这个伊比利亚半岛上的国家对这一融合可谓厥功至伟。为什么这么说？首先看

---

[1] 此处曾发生蒙铁尔之战。蒙铁尔之战是卡斯蒂利亚内战期间，贝特朗·杜·盖克兰率领法军和卡斯蒂利亚国王佩德罗二世率领西班牙军于公元1369年在蒙铁尔进行的一次战斗。最终佩德罗二世兵败被俘。在法国人的支持下，特拉斯塔马拉的亨利夺得卡斯蒂利亚王位。

西班牙的北部,具体来说是东北方向,翻过那里的比利牛斯山就是法国,平原居多,直通中东欧,连接俄罗斯,近两千千米的范围,只有阿尔卑斯山的海拔超过两千米,其他地方一路通畅。这样一个地理单元使得它们相互之间的商贸往来频繁,当然战争也不断。另一方面,西班牙的南面,直布罗陀海峡的东西南北,是两洋交汇、两陆(欧洲大陆和非洲大陆)相接之地,更是伊斯兰文明和基督教文明的"神经末梢"。至于西班牙东边的地中海,有一种说法:欧洲的历史,核心就是地中海的历史。自古希腊以来,这个相对封闭的圈,是各种文明的温床。

然而,这个处在地理交界地带的国家暗含矛盾的基因——要么面向大洋,要么背靠大陆。大陆文明,等级森严,但稳固;面向海洋呢,开放包容,好致富,但过于自由,不利于管理。在《堂吉诃德》中,主人公选择的行进方向是和那个时代的地理特性相符合的。仔细分析文本你就会发现,堂吉诃德在朝巴塞罗那方向和朝塞维利亚方向行进时遇见的人,在气质上是有点不一样的。某种程度上,上下部的故事之间有些类型学上的差异,但塞万提斯毕竟不是完全的工商业时代的人,他没有把这种差异极端化、对立化,甚至可以确定地说,这两条路线的选择,对于作者而言是不自觉的。我们的分析有点带着后见之明而强作解人的意思,但仍不无启发。

面向海洋最大的好处就是容易兴起商业,商业文明强调流通,流通需要自由。而在塞万提斯的时代,西班牙真正的城市文明尚未兴起。但我发现《堂吉诃德》大部分的故事其实是以

"流通"这个概念来结构的,比如说,故事大都发生在客栈这样一个旅途歇脚的地方,且基本以晚上为开端发展故事情节,包括人物在客栈中关于旅费、食宿的计算等,商业世俗和骑士尊严的这种反差,是小说欢快底色的一个主要颜料盘。

《堂吉诃德》里的穆斯林

刚刚谈了堂吉诃德的流浪路线,中世纪骑士除了我们之前讲到的特点,《堂吉诃德》里骑士的流浪,也当属其特点的另一个核心元素。从这个角度说,十字军东征可算作骑士们最"放飞自我"的一次流浪。而提到伊比利亚半岛和骑士,就必须要说基督教所谓"收复失地运动"[1]。用中世纪研究专家雅克·勒高夫的话说,"它使骑士成为第一线的角色,骑士不仅成为半岛基督徒的光辉典范,对整个基督教世界的居民来说亦是如此"[2]。

《堂吉诃德》这本书对异教的表述也极具存在感,比如塞万提斯在小说中以元叙事的方式创造出了一个阿拉伯人——熙德·阿默德·贝南黑利,并将这部小说的作者权送给了他;还有就是这部小说难得地记录了西班牙一六〇九年到一六一三年之间驱逐摩尔人的历史,结合上部(一六〇五年)和下部(一六一五年)诞生的时间区间,塞万提斯在下部中安排桑丘的

---

1 收复失地运动:基督教国家从穆斯林手中以战争(圣战)的名义收复被伊斯兰文明统治了近八百年的伊比利亚半岛。
2 译文引自雅克·勒高夫:《中世纪的英雄与奇观》,鹿泽新译,四川文艺出版社,2020年。

邻居李果德表达对西班牙的留恋就显得极具历史意味。再比如"竹竿奇迹"的索赖达改宗的故事,塞万提斯通过堂吉诃德的流浪路线将地理空间和宗教冲突并峙,是个很大胆的写法。毕竟那时宗教的权力很大,一旦被认定为渎神,就是死罪。

宗教具有强烈的排他性。宗教本来可以是一个黏合剂,连接地域与民族,可以是文明花园里一味极强的补药,促进差异之间的相互共生。但在某种条件下它却起到了分裂作用。伊斯兰文明沿着地中海,一直蔓延到北非,然后跨过直布罗陀海峡到西班牙,从而成就了安达卢斯近八百年的伊斯兰文明的统治。但中世纪的欧洲是基督教化的时代,之前古希腊人文主义的东西在这里都被压制住了,反倒是阿拉伯人将古希腊文明的一部分保存了下来,并通过商业流动回流进基督教世界。但这永远是暗流,主流还是十字军东征这样的大冲突、大侵略。

而西班牙位于欧洲边缘,它南面的北非向来缺乏强大的国家,这使它又处在伊斯兰文明的边缘(虽然这个地方曾经繁荣灿烂过)。试想,如果被强大的文明环绕,那么西班牙就能利用地缘优势"两边跨"。但可惜,它处在两个大陆的弱边缘上,且两边的实力悬殊又太大,于是失去平衡导致重心不稳。文明的不均衡性最终导致西班牙的衰落。

在中世纪的欧洲大陆(大概十二世纪的时候),生产工具从铜做的轻犁,改成铁做的重犁,整个欧洲的耕地面积扩大了百分之四十。人们的剩余产品变多了,于是从交换剩余产品开始,商业勃兴,从而形成新兴的市民阶层,而后出现新的关于人的解释,最终来到文艺复兴。而西班牙,隔着北部山脉,再次被欧洲边缘化,错失了资本主义的发车号。如果留心,你会发现塞万提斯写《堂吉诃德》的时间,正处于西班牙的无敌舰队败北于伊丽莎白一世的英国舰队的时期。这个时间点颇具象征意义。

所以驱逐摩尔人可以看作当时西班牙国内利益的再分配。在塞万提斯的时代,摩尔人本身算是原住民。但这里牵扯到土地、财富在新的发展环境下的扩张与流动,牵扯到寻找新的内驱力的问题。所以人们在这时借助宗教传统污名化异己,制造新的社会底层。这一切发展到极致就是清洗和驱逐。

这和第一次世界大战后魏玛共和国成立与希特勒上台的历史过程有某种相似性。而"寻找内驱力"在资本主义的历史中往往都是以"嫁祸于人"的方式来完成的,比如圈地运动或鸦片战争。

西班牙在地理位置和文化位置上的这种独特性,加速了这一过程的发展。而塞万提斯的可贵是他写出了同情。虽然他个人也难逃历史的偏见,但他对摩尔人的刻画,特别是李果德这一形象,使一个族群的历史伤痕通过虚构的小说得以保留。

另外,西班牙在历史上没有将工业发展起来,所以英格兰兴起后,很快就超过了它。之前西班牙人在南美洲挣来的白银,最后都流入英格兰了——因为他们必须购买英国的纺织品等工业产品。刚刚提到的鸦片战争,其实也和白银有关系,因为英国的白银一度流入中国。十八世纪以后,英国兴起喝茶,而茶叶主要在中国，他们以为可以用便宜结实的布和中国人做生意，拿布料换茶叶。没想到中国的自耕农自给自足，不买英国人的账。结果，英国人将一船一船的布和白银运过来，但运来的布没人买，只得用白银买回茶叶，也带一点瓷器、丝绸之类的物品。这就形成了一个巨大的贸易逆差。怎样解决呢？这时英国的东印度公司想到了鸦片。于是他们在殖民地印度种植廉价鸦片，再运到中国进行贩卖，赚取高利润，从而扭转了逆差甚至还有盈余。所以当清政府要禁烟时，英国才会不惜发动战争也要保住鸦片贸易。白银是利益的核心。话说回来，看到白银这样的历史踪迹后，我们可以设想一下，如果西班牙人将工业发展起来，那么英国的"日不落"可能就不会出现，中国的近代史都要重写了。

所以，堂吉诃德的流浪路线是商业文明之路，而非工业之路。

●现在我终于明白过来了。我不是什么游侠骑士,只不过是一个平凡的人。

十日谈
Decameron

● 若无特殊说明,本日引文内容均出自薄伽丘:《十日谈》,方平、王科一译,上海译文出版社,2021年。

■你比如说一个农民从地里回家,他进了院子,院子里往往还养着鸡啊,鸭啊,猪啊,他不自觉地总还会想着喂喂这个,看看那个。休息和干活是很难分开的。▲同时,他的时间总跟着自然节奏在走,白天播下麦种,晚上他睡他的,麦子在夜里还会长,不需要他去劳动,从这个角度说,人们在那时的时间,其实是一种"佛系"时间,它主要是被农业农耕的节奏所主宰的,它的特点是不紧不慢、不疾不徐,不必考虑准确性,也不用担心生产效率。

在哪集合？或曰，时间都去哪儿了？

在我主降生后第一千三百四十八年，意大利的城市中最美丽的城市——就是那繁华的佛罗伦萨，发生了一场可怕的瘟疫。

《十日谈》这本小说诞生于一三六九年，书的开头，刚好是欧洲历史上黑死病的蔓延期，当时的佛罗伦萨尸体横陈、病毒肆虐。十个青年男女（七女三男），相约在城中教堂门前，他们要一起逃离城市，去乡村寻找故事。近七百年后的今天，我们与新冠病毒也已相处了三个春天。所以我感觉，我们现在聊《十日谈》这本小说，在时间上别具意义。

《十日谈》首先应该是一本"时间之书"，别的不说，光书名就很值得玩味。作者以十天作为周期，这也成为小说的结构框架。十个人，每人每天依次讲一个故事，合在一起就是一百个故事。很多人因此觉得它是个故事集，比较松散，彼此没太大的联系。其实仔细看薄伽丘对这十天的铺排，就会发现它很具有叙事性，而且是元叙事的。

书中开头第一天，作者首先交代了这十个人的身份、性格特征、相遇在一起的缘由，甚至互相之间，谁与谁存在暧昧关系（"妮菲尔的情人正是这三名男子中的一个，她听了这话，不禁羞得满脸通红"[1])。特别让人印象深刻的是,年纪最大的潘比妮亚,其实也就二十八岁,她成为第一天的"女王",制定了大家聚在一起玩耍的制度与秩序,书中之后的一切都是在这个框架下完成的,这从小说结构上看是非常严谨的。在这之后,薄伽丘就可以放心地"撂挑子"了——他要把故事的直接叙述权交给这十个人。薄伽丘是个狡猾的小说家。这也让我想起亨利·詹姆斯的《螺丝在拧紧》。

你刚刚提到第一天的前言,不知你注意到了没有,那个时候的人没有钟表,书中这十个人是按照什么来组织自己的时间的?

教堂的钟声?比如,《十日谈》里规定,当一天结束要推举"新王登基"的时间是在晚祷时分;每一天吃早饭的时间是在"打晨祷钟的时候";"午后钟敲过不久,女王首先起身,把其余的姑娘唤醒了,又吩咐去唤三个青年人起来"。那个时候教堂每天有七次祷告,按时鸣钟,人们就以教堂的钟声来定自己的日程。这样说来,薄伽丘时代的人生活在一种宗教时间里。

但同时,他们的时间也是对时间的一种解放,是一种属于文艺复兴的时间观。

---

[1] 首先,那年纪最大的一位,我叫她"潘比妮亚";第二个,叫"菲亚美达";第三个,"菲罗美娜";第四个,"爱米莉亚";第五个,"劳丽达";第六个,"妮菲尔";最后一个,名字取得很适当,叫"爱莉莎"。——《十日谈》

这要如何理解呢?

你不觉得,潘比妮亚规定的时间过于准确了吗?就如同你今天下午两点半要约朋友喝咖啡一样,这种精准、明白无误的时间观念是现代人才具有的,在薄伽丘以前的时代却是很少见的。那时的人是土地属性的,在农业社会中,人的生产与生活是很难分开的。你比如说,一个农民从地里回家,他进了院子,院子里往往还养着鸡啊,鸭啊,猪啊,他不自觉地总还会想着喂喂这个,看看那个。休息和干活是很难分开的。同时,他的时间总跟着自然节奏在走,白天播下麦种,晚上他睡他的,麦子在夜里还会长,不需要他去劳动。从这个角度说,人们在那时的时间,其实是一种"佛系"时间,它主要是被农耕的节奏所主宰的,它的特点是不紧不慢、不疾不徐,不必考虑准确性,也不用担心生产效率。这样一看,《十日谈》里的男男女女可就太自律了,他们的时间观念极强,到什么点该做什么事,被安排得明明白白。要知道,他们是在娱乐啊!玩得都如此自律,实在是要逼死现在的"拖延症患者"们。

相比于你讲的农村,《十日谈》里的这十个人都是城里人。我知道在中世纪的西欧,根据雅克·勒高夫的论述,劳动时间的单位就是白日,也就是农村里下地干活的"日头"。仿照此,城市劳动的"日"是参照一年中不断变化的日出—日落的自然时间来规定的,只不过这个时间被宗教的时间加以强调和制度化。中世纪的人们在一年三百多天里,得有二百多天都在过着宗教生活。但这些时间仍然是粗略的，没有那么精确。潘比妮亚们既然能如此精细化地管理时间，这里面一定存在某种推动力。那么，这个时间观念的变化是从什么时候开始的呢？

你说得很对，潘比妮亚们都是城市人，而且还是佛罗伦萨这样一座名城的城市人。城市这一概念，大概是在十二世纪左右的意大利兴起的。这里伴随着工商业、手工业的发展，也伴随着商业阶层、市民阶层的崛起。在威尼斯，商业与城市本身同时出现。而城市生活，根据亨利·皮雷纳的考证，最初仅在意大利北部（佛罗伦萨所在位置）和尼德兰发展起来。从这个角度来理解《十日谈》里这十个人，也许就更清楚他们在历史中的位置了。

对于市民阶层（包括商人、手工业者），他们白天做生意，晚上关店，这和农民晚上睡觉，麦子继续在地里生长不一样，因为关门后生意就停止了。所以对于商人来讲，时间是天然不够用且具有紧迫感的。这也就产生出那句著名的"时间就是生命"的话来。我们现在对"996"充满不满；十九世纪，马克思敏锐地察觉出资本主义关于剥削的本质——对劳动者剩余时间的占有。但是你知道吗？在中世纪的城市，以呢绒业为代表的工人们主动要求增加工作时间，这是他们增加工资的手段。

但这样也就产生了一个商人与教会间巨大的矛盾！中世纪基督教对商人最大的一个指责就是他们的盈利是一种对时间的借贷，而时间是属于上帝的，上帝用七天时间创造了这个世界。

对于教会来讲，商人的获利本质就是利用时间、争取时间，是严重的渎神行为。

不过，这样一来，一种新的时间产生了，它既不围绕自然运转，也非按照宗教运转，而是以商业利益为目的。《十日谈》里的人，就是生活在这个新时间里的人。

反过来，这种关于时间观念的斗争，也是文艺复兴时期人文主义的基础。潘比妮亚们作为城市市民阶层，同时也是典型的人文主义者。他们对时间的精确计算是和商业文明的发展息息相关的。他们在《十日谈》里讽刺挖苦最多、最甚，让人印象最深的故事，大都是抨击教会的，这不失为一个从斗争层面去理解时间这一概念的维度。

但《十日谈》里的男女仍旧是基督徒，他们还是在维持着一种被商业化的精确、节制的宗教时间。我记得在第二天结束之时，新的女王妮菲尔向大家说：

大家知道，明天是礼拜五，后天是礼拜六，这两天，是斋戒的日子，很叫一些人感到头痛。不过礼拜五是救主殉难的日子，这一天是我们理应奉作神圣的，这一天我们虔敬地向天主祈祷，比讲故事来得确当。

从中可以看出在中世纪和文艺复兴早期，商业文明与中世纪基督教文明之间那种相互妥协但又各自坚持下所形成的独特的价值观。商人仍旧是基督徒,宗教还是那个宗教,只不过,它们彼此通过一种在生意与生活上的克制以及教义与教规上的调整,来避免两种时间之间的强烈碰撞。渐渐地,它们彼此渗透成为资本主义特殊的宗教伦理观。这样一来,文艺复兴也就实现了将时间从《圣经》中解放出来的目的。

说到这里,还可以补充一点,《十日谈》中对教士、修女的批判,甚至可以说是糟蹋,几乎已经穷尽。但另一方面,对于真正的高级教士,鲜少有小说家和讽刺家去挖苦。当时就在佛罗伦萨,曾有过一位名叫萨沃纳罗拉的修士,他用他的热情、雄辩,几乎征服了全城从上到下的所有人。你看,这是同一个佛罗伦萨,但是宗教与市民生活的关系的复杂性可见一斑。

再让我们说回一点农村,其实十二世纪欧洲城市的发展与农业的大发展也是分不开的。《十日谈》里的城市男女之所以能够去乡间别墅,与那个十二世纪的农业,特别是农业技术(重犁的广泛应用)的发展息息相关。当时欧洲的耕地面积扩展了百分之四十左右,人口从固有的贵族土地中解放出来,有的去拓荒,有的则跑去城市,从而出现了大的人员流动。结合商人的贸易流动,整个社会结构便从时间与空间两个层面上获得了解放,最终引向意大利人作为人的解放。

要不布克哈特怎么说,意大利是近代欧洲的长子呢!

一直在谈时间的解放,突然让我想起但丁的《神曲·天堂篇》里卡恰圭达的一段话来(值得一提的是,薄伽丘的另一部

代表作就是《但丁传》):

> 处在古老环城之内的佛罗伦萨,
> 从那旧城之上,曾经震响第三时和第九时的钟声,
> 那时的佛罗伦萨还曾是和平、简朴和廉政。[1]

但丁和薄伽丘一样,处在新与旧的时间的交汇点上,从中世纪朝着现代时间过渡。

---

[1] 译文引自薄伽丘、布鲁尼:《但丁传》,周施廷译,广西师范大学出版社,2008年。

●本书的开端虽然凄凉,却好比一座险峻的高山,挡着一片美丽的平原,翻过前面的高山,就来到那赏心悦目的境界;攀援的艰苦将换来了加倍的欢乐。乐极固然生悲,悲苦到了尽头,也会涌起了意想不到的快乐。

诲淫诲盗，或曰，山下的女人是老虎！

在中世纪的文学作品中，特别是像薄伽丘的《十日谈》和拉伯雷的《巨人传》这类作品，对于女性的解放，特别是在性方面的描写，可以说让人叹为观止，频频刷新读者的"三观"。其中尤以第七天的故事为最。我记得那一天是由第奥纽（三个男性中最大言不惭的一个）担任国王，主题就是妻子为了偷情，对丈夫使用种种诡计，有的被丈夫发觉了，有的把丈夫瞒过了。这样的主题和描写，前无古人，亦后无来者（D. H. 劳伦斯可能可以算作半个例外）。

为什么会这样？

我认为文艺复兴时期意大利的女性解放，是在人——作为个体的人，这个大维度上进行的。这里有一种对女性的再原始化的过程。历史上的女性，几乎是一个一无所有的群体，没有财产，没有权力。当她们到了文艺复兴这个特殊的历史节点上时，伴随着人的解放，她们的一无所有反而让她们无所畏惧了。

因为一无所有，所以无所畏惧？

在拉康的哲学里，他认为女性是一种流体，类似于游牧生活，她们是天然的革命者。女性在男性的社会制度中，不具备男性对于一个群体所具有的强烈归属感与使命感。列维-斯特劳斯说过，女性本身就是人类遗传基因的携带者和交换者，她需要离开自己原来的部族，生活到别处。而这种生活在别处的流动的特点，就有点像人类的游牧文明，在这个流动不居的文明中，女性是具有很强的优势的，当男性出外狩猎、放牧和征战时，女性承担了非常主要的工作，她是稳定的那只锚。有时甚至比男性还更具延续性（男性一场仗打下来，谁知道是否能活下来？）。中国历史上出塞和亲的王昭君，在匈奴几易丈夫，但这丝毫不影响她的地位。从中我们能看出，游牧文明对性别、贞洁这些观念与近代之后所谓"文明社会"之间的很大不同。最有名的例子就是近代之后"寡妇门前是非多"此类对丧夫女性的歧视言论。而在文艺复兴时期，两种性别又重新变得势均力敌起来，我愿意将这种变化称为女性的再原始化。

这让我想起，第七天第四个故事里，美丽娇艳的妻子琪塔有一个善妒的丈夫托法诺，琪塔有一天问丈夫为什么起妒心，托法诺却说不出个所以然。于是琪塔真就去找了一个年轻人偷情，为的是让他妒火中烧，自焚其身。后来事情败露，托法诺用计将妻子锁在门外，不想琪塔以跳井相威胁，反骗丈夫出门来，自己迅速进家将门反锁，让托法诺乖乖告饶。

在这个故事里，男女双方一来一往，真可谓势均力敌。而且薄伽丘在叙述时，丝毫没有觉得偷情的琪塔有罪，甚至大有站在妻子一方暗暗挖苦善妒的丈夫的感觉。

这就是文艺复兴时期的意大利啊！关于这一点，也可以从大文明的空间维度来分析。刚刚也说过，男女之间性别的自然性,在游牧文明中表现得最充分——逐水草而居,一切都是轻量化的。它不像定居文明,不像身处农业社会中的人——建房子,做围栏,一步步创造出城堡、村落、城市。具体到女性,前者不同于后者的最大特点就是,后者为女性建构出了"深闺",从而彻底将女性框住了。这样一来在"深闺"中自然就形成了对女性的道德绑架、行为约束。而游牧部落是相对开放的,它首要强调的绝非道德,而是繁衍。女性自身在一个比较舒阔的环境里生活。这样看,定居其实是个很危险的事。它放大了女性的"弱",使女性时刻处在一种被保护的状态。从家庭结构到城镇空间,这一切都是男性在建构,你看似在里面,却处在"深闺",实际上是个局外人,这样也就越发弱了下去。从游牧到定居,女性的这种被"深化",就是她离公共事务越来越远的过程,如同电影镜头的淡出。

在资产阶级的核心概念里,家庭是最为重要的,而女性恰恰被要求绑在家庭里。如果没有这样的一种发展关系,也就不存在十八、十九世纪之后资产阶级小说的那些巅峰之作了(如《包法利夫人》《米德尔马契》《简·爱》等)。那时,婚姻、家庭、财产成为小说中魂牵梦萦的主题,围绕它们展现了多少资产阶级的欲望叙事,这咱们以后会继续谈。

再到后来的宗教改革、启蒙运动以及工业革命,女性的命运更是被套牢。资本主义的婚姻法强调男女一体,其实就是以男性为本位,迫使女性一体于男性。女性结了婚,她自己的权利、财富就自动转移给了丈夫,换句话说就是全都没有了。记得曾经有一个很有意思的规定,这一规定后来也一度延续到美国新大陆——如果女性在到达某个年龄后的七年之内没有结婚,那么她的财产就会被没收。所谓婚姻制度,在某种意义上就是一种男性的政治制度,女性是被加入男性社会里充当一个角色去了。在这样的角色里,她往往无法高屋建瓴地去思考大问题,因为这套规则于她是有天然的距离的。因此,女性叙事的那种直接性、现实性很强。她不在乎事物背后的那套阐释学意义,而注重细节、琐事。她更符合文艺复兴那个时代以个体为中心去释放自己的基本逻辑。

那从游牧到欧洲的古典时期,再到我们谈的意大利文艺复兴时期,到底是什么推动了这个时期的女性解放?

这里我们不妨先看看《十日谈》中的这七位女性:

> 佛罗伦萨城里,居民相继死亡,几乎成了空城;不过我后来听到一个可靠的人说,在一个礼拜二的早晨,做过弥撒,庄严的圣玛利亚·诺凡拉教堂里冷冷清清,只留下七个年轻的妇女,都穿着跟这个年头正相匹配的黑色丧服。他们中间不是带着亲戚关系,就是有着朋友或是邻居的情谊。最大的一位不过二十七岁,年纪最轻的也已有十八岁了;都长得非常秀丽,仪态优雅,又具有良好的教养,显然都是些出身高贵的女士。

在这段话里我注意到三个细节:第一,这七位女性都很年轻。第二,她们出身高贵。第三,也是最重要的,她们均具有良好的教养。在布克哈特的名作《意大利文艺复兴时期的文化》那本书里说过,那一时期对妇女所进行的教育和对男人所进行的教育基本上是相同的。在文艺复兴时期,意大利人会毫不迟疑地让儿子和女儿都受到同样的文学乃至语言学的教育。由于教育的作用,上层阶级的妇女在个性上和男子一样得到了发展。也因此从某种程度上说,不存在"妇女权利"或妇女解放问题,这一切都显得理所当然,不辩自明。甚至受过教育的女性在追求完整的个性与突出的特色时还会超过男性。《十日谈》便是一个很好的见证。

《十日谈》中讲故事者的男女人数比是三比七,这一数据直观地展现了女性的重要地位。这也让我想起你刚才提到的布克哈特,他在叙述文艺复兴时期的社交时曾说过,那个时候人们聚会往往就像薄伽丘《十日谈》中的男女那样,采取一种社团的性质聚在一起。他们会为社团制定正式的规章和入会方式,还会选择一位著名的贵妇人作主席,聚会的那天她的话就是法律。[1] 这么看,《十日谈》绝不仅仅是虚构小说,而更近于历史。

---

[1]《意大利文艺复兴时期的文化》中还提到:"会上女主席发表了一篇正式演说,说明以什么方式来度过那一群人准备在乡村居留期间的时光。早晨起来在山中漫步,谈一些哲学问题;然后进早餐,听音乐和歌曲;在那以后,在某一个清凉的浓阴覆盖的地方举行一篇新诗的朗诵,题目是前一个晚上规定好了的;到晚上,全体走到一个泉水旁边,大家坐下来,并由每一个人讲一个故事,最后用晚餐和进行生动活泼的谈话。"何新译,商务印书馆,1979年。

女性受教育,往深了说,其实还是城镇工商业发展的结果。城市里的普通女性(不说出身好的了)也参与到很多手工业劳动里来,走出"深闺",用劳动挣钱,从而获得了话语权,地位也相应地得到了提高。反过来,商品消费(特别是纺织、香料等)越来越多地针对女性,她们成为欲望消费的主体,这也让她们在社会中的形象为之一变,女性是很适应城市化的。而城市化的背后是"流动"——从乡村到城市的流动,从低阶层向高阶层的流动。然后,当城市发展到一定的规模和水平,人口又反向去到乡村,但那时的乡村就已不再是乡村人的乡村了,而是城市人、富人的乡村。这一点是不是和我们当下的社会很像?

潘比妮亚们就是从城市去往乡村,他们在乡村有别墅——那是富裕市民的乡间住宅。在当时,似乎有教养的意大利人都极为向往乡村生活,也非常喜欢建别墅。在《十日谈》里,他们就住了不止一栋别墅,中途还搬去了另外一栋,在去之前他们都会安排仆人先行出发,打扫准备。相比于其他财产,文艺复兴时期的意大利市民阶层认为别墅是忠实而仁慈的,如果你在适当的时候住在那里,它不仅能使你满意,还能使你享受无穷。其实以经济的眼光看,别墅不仅是一栋房子,它还包括谷物、葡萄酒、牧场和森林(想想《十日谈》中那个有一次穿过森林找到了一片澄澈的湖的人)。

事实上,据历史记载,那时佛罗伦萨的周围"在澄澈的空气里,在使人心旷神怡的风景中间,别墅林立;展开一幅美丽的图画。很少有雾,也没有狂风;一切都是良好的,而湖水也

■如果说，一个有见地的男人总是追求身份比自己高的女人，那么，凡是一个审慎懂事的女人，就该懂得怎样保全自己，不让门第高过自己的男人来博取她的爱情。

洁净卫生。无数的建筑物中间有很多像宫殿,有很多像城堡,看起来既华贵而又美丽"[1]。

之前曾谈到,同一个佛罗伦萨,宗教与市民生活的关系是很复杂的。这又让我想到《十日谈》中另一个不可不谈的话题——"教士阶层"。去过意大利的人可能会有一种感觉,这个国家或者说民族骨子里有一种持续在场的激情,而这种激情往往会朝向激烈的趋势发展。布克哈特曾将其归结为"想象力"的偾张。反过来,为了满足这种激情,这个民族的人常常采用的手段便是犯罪。但吊诡的是,意大利又是教权最盛之地,本应神圣庄严才对。

其实从《圣经》中的上帝到中世纪以后形成的教士阶层,这二者之间存在着很大的差别。据说,最早的商人其实都是中世纪修道院中的仆役(他们当然也是教士或者和教士有关系的人),他们为了给修道院采购,常常外出,一来一往,长此下去就开始了贸易。这有点像中国改革开放初期,那些从体制内下海的商人。中世纪的宗教社会,就像刚刚提到的,一年大约有两百天都是具有禁忌性的,普通人是很难有自由的。这样发展的必然结果就是宗教内部的腐化,而《十日谈》恰恰针对的就是这些人。

而中世纪早期及其以前的世界要更为严整,有一种一见凛

---

[1] 译文引自里昂·巴蒂斯塔·阿尔伯蒂:《齐家论》第84页,转自《意大利文艺复兴时期的文化》第五篇,第七章《家政》,第396页,商务印书馆,1979年。

然的神学气场，在精神和道德上的要求比在肉体上的来得多。它不用你思考，在你发问之前（甚至发问本身已经渎神了）已经回答完了一切，上帝帮你安排一切，从天上到地下，无所不包。这是一种绝对的价值。而文艺复兴师法古典文化，主要是古希腊文化，其中尤以对亚里士多德的再发现为首，从而反思基督教的这套系统，特别是沿着工商业大发展的轨迹，形成了一种新的环境、一群新的人，他们在古典文化中找到源头，从而把人从宗教中解放了出来。但丁写《神曲》，按照基督教的世界图谱游了一圈，从而打破了把人固定在一处的死局。再比如蒙娜丽莎的微笑，她身后的背景变成了自然，而非那些空洞的宗教圣光，这个女人的眼神也是人的眼神，不再令人望而生畏。

所以文艺复兴有两方面的思考，一方面讽刺中世纪腐化了的宗教阶层，另一方面则在努力重塑人们关于宗教的精神世界，从而实现个人的解放。但你要是以为《十日谈》要反对宗教，那就大错特错了。

《十日谈》不仅不会反对宗教，甚至那里面的人还更为宽容地过着宗教生活。比如第一天的第三个故事，说的是有一个叫麦启士德的犹太人，他是亚历山德利亚地方的富翁。巴比伦的苏丹萨拉丁接连征服伊斯兰教和基督教的王国后，国库空虚，这个萨拉丁就想找麦启士德借钱。于是他想了一计，便对麦启士德说："好先生，我听得好多人夸奖你非常博学，对于各种教义，自有深切的认识；所以我很想向你请教：在犹太教、伊斯兰教、天主教这三者中，到底哪一种才算是正宗呢？"麦启士德向萨拉丁讲了一个老父亲传给三个儿子三只相同戒指的故事，然后说："所以，陛下，我说，天父所赐给三种民族的三种信仰也跟这情形一样。你问我哪一种才算正宗；大家都以为自己的信仰才算正宗呢。他们全都以为自己才是天父的继承人，各自抬出自己的教义和戒律来，以为这才是真正的教义、真正的戒律。这问题之难以解决，就像是那三只戒指一样叫人无从下个判断。"这个故事要是诞生在中世纪，作者估计是要被判火刑的，但那时的意大利对不同宗教信仰的宽容态度说明，文艺复兴时的人们在精神层面上从宗教中获得了一定程度的解放。

再比如，第六天的第十个故事，一个招摇撞骗的教士答应乡下人，要让他们见识见识报喜天使的羽毛，以此来收取村民的钱。然而在中途，羽毛（其实就是埃及鹦鹉的羽毛，当时的意大利人没有见过鹦鹉）被恶作剧的村民换成了木炭。当要展示之时，这个教士灵机一动，编出另一套说辞，让人们相信木炭也是神迹，从而逃过一劫。这个故事讽刺了教士，同时我们也看到作者并没有对普通民众对宗教的迷信采取批判的态度。信仰与教士阶层再次被截然分开。在面对教士阶层的时候，意大利人可以说极尽讽刺挖苦之能事——无论是教士还是修女均无一幸免，甚至对后者讽刺挖苦更为赤裸。

比如第九天的第二个故事，一个女修道院的院长捉住了一个犯了奸情的修女，正准备严办她，不想那个修女突然指着她说，她头上戴的不是头巾，而是一条男人的裤子。女院长只能饶恕了她，并且从此之后大开方便之门，任她偷情。

一个人不管别人怎样谴责和惩罚,偏偏就是执迷不悟■而有人无意间说了他一句,却想不到会产生●效果。

中世纪的基督教是禁欲的，这一点又和商业发展以满足需求与欲望为动力的原则相悖。你看那时欧洲很多修道院都是建在悬崖边上的，有一个著名的修道院，里面的人要出去或者送东西，都得拿个篮子吊着绳子从下面送上去，那种对人的禁锢，对欲望的禁锢就是如此严苛，非如此不能让人与现实隔绝，清心寡欲。

那时的束缚有多变态，文艺复兴时的解放就有多疯狂。《十日谈》里那些很多一再刷新我们"三观"的故事都是由教士阶层带来的，根源就在这里。这种解放是与资本主义商业的欲望本质直接相关的。

伴随着这种解放，在《十日谈》中我们所看到的，更多是上层人士的生活。但其实底层人民的狂欢一样是剧烈的。有兴趣的话还可以去看看拉伯雷的《巨人传》。这些人，主要是城市中的底层，挣了一点钱，从衣着到饮食都开始改变，这种改变和中产阶级对物质细节的消费还不一样，那时还没有全球化这样的概念。它更像凡高画的那张农民的靴子，是带着某种兴奋得抑制不住的狂欢劲儿在里面的。举个例子，那时的农村，一个宴席中有八个人扛着一个大蛋糕走进来，巨大的蛋糕往桌上一放，大家看着蛋糕上的蜡烛那个高兴啊，拍手的拍手，跳舞的跳舞……然后呢，突然，蛋糕就碎裂了，里面蹦出一个人来。大家谁也不在意蛋糕本身了，都在大笑，都在捉弄周围的人。

最后想和你谈谈地理问题。《十日谈》的发生地是在意大利东北部的佛罗伦萨以及佛罗伦萨的郊外。如果看地图，就会了解这个地理位置的重要性，它东边接着希腊、土耳其、巴尔干半岛，直通神秘的东方。往西北去，则是西欧、北欧，跨过英吉利海峡到英国；南边呢，就是地中海。这样一个通衢之地，与文艺复兴时期那里的人被解放得那么彻底，应该存在着必然的联系吧？

没错，意大利地处亚平宁半岛，背靠欧洲大陆，面朝地中海，可以说它处在非常优越的位置。对欧洲而言，大概从十一世纪开始，商业就已开始出现复兴的征兆（那时还是中世纪），这和当时欧洲的高出生率以及农业技术的改进有直接关系。而在当时的复兴中，有两个最主要的策源地，一个是欧洲南部，另一个是欧洲北部。欧洲南部，除了法国的马赛，主要就是意大利；欧洲北部，就是后来我们熟悉的佛兰德斯，包括德国、荷兰、丹麦北部海岸（后来的"汉萨同盟"）。你看，从十一世纪到《十日谈》故事发生的一三四八年，意大利的商业文明已经发展了近四百年了。

但你再看地图上的法国，它是完全大陆气质的，那时它的特点是绝对的、垂直的权力统治，森严而压抑。等它后来成为强国，那已经是工业革命时期的事了，也就是人类有了远航的能力之后的事。但在中世纪那个时期，主要的强国还是像西班牙、葡萄牙、意大利这样的国家。而意大利的地位又是其中最好的。气候也好，阳光充足，葡萄酒非常有名。这样的区位优势能让它从各方杂糅吸收，融合非常多的东西。你上面谈到《十日谈》里三只戒指的故事，背后对各种宗教文化一视同仁的观念,要从这个大背景去理解。

你刚刚说,相比于欧洲北部,意大利的区位优势更为突出。从文化交流的角度看,我想到,在十一世纪,当时意大利全境是属于拜占庭帝国的,与西部欧洲处于隔绝状态。地中海几乎被完全封锁,这也是所谓"黑暗的中世纪"的一个侧影。但意大利的威尼斯,作为东西之间的一个前方哨点,却依然活跃,贸易与文明的交往并未断绝,这也是后来威尼斯作为独立的城邦崛起的先天基础。同样,其他意大利的港口城市,如热那亚、佛罗伦萨、那不勒斯等都是沾了地理位置的光,使意大利在文艺复兴后对各种文化的吸收、转译、理解变得更快、更轻松。同时,这些城市也都是中世纪曾经辉煌过的证明。

说到文化,你注意到《十日谈》里的人都那么堕落,却又那么欢快的特点了吗?我当年第一次读《十日谈》时,受到的最大冲击就是虽然人人作恶,但个个心安理得。就像布克哈特总结过的:"这个民族的每一种激情的趋势都是强烈的,而用来满足这种激情的手段则常常是犯罪的,其所以如此的一般理由是,这个民族受想象力支配较任何其他民族为多。"[1]

这种想象力的来源,除了他们的地理位置便于让他们越过

---

[1] 译文引自雅各布·布克哈特:《意大利文艺复兴时期的文化》,何新译,商务印书馆,1979年。

中世纪的限制,接触到古希腊、阿拉伯世界等的多种文化外,你是否觉得还有其他层面的原因呢?

刚刚我们一直在说意大利这个区域所谓优势的一面。但它作为过渡地带,同样也使它成了中世纪后期以及文艺复兴时期战争冲突不断的地方。其实任何一个文明的交汇处都是矛盾的麇集地。当下的克什米尔、乌克兰亦复如是。

你知道,当时的意大利其实是一个暴君专制的时期,从文化角度看,它正进行文艺复兴,显得无上繁荣,但各个城市、地区都有自己的小暴君,这些人以前也许是雇佣兵队长。这有点类似于中国历史上的藩镇割据。他们的权力是没有法源的,你方唱罢我登场,人民看在眼里,长此以往就丧失了对秩序、权力、法律的尊重。而有权的人为了要稳固自己的权力,为自己找到合法性,便从文化上下功夫,广纳贤士,资助艺术。有名的如佛罗伦萨的美第奇家族。

意大利文艺复兴时期的人之所以解放得那样彻底,和当时国家本身的堕落密切相关。人们看惯生死,便善于从恶的角度思考问题,往往更能以嘲讽、戏谑之心理解事物,加之商业与文化的发展,人便能在矛盾中螺旋式地获得解放。

到了薄伽丘的时代,真正的贵族其实已经被稀释了。书中那十位男女,谈起古代的贵族如谈开元天宝事。这恰恰说明了他们自己绝非血统意义上的贵族,而是后来的城市富裕阶层。

你记得吗？虽然他们在说到佛罗伦萨城里死亡的普通中下层民众时用的是"他们"，但那些所谓真贵族早已经随着政权的更迭、政治的联姻而分崩离析了。

薄伽丘的时代，其实也是意大利被其他列强（主要是西班牙、法国联合罗马天主教会）瓜分领土的时代，最著名的就是一四九四年到一五五九年的"意大利战争"了，那可是整整半个世纪的分裂史啊！用孔子的话说，真是"礼崩乐坏"之世。生活在那个时代，从那样的动荡中获得的解放，我们是无法简单地仅从正面去认识它的。后来西班牙一直对意大利行使着权力，以致《堂吉诃德》的作者塞万提斯，也曾被派来意大利，参与了著名的勒班陀海战，为此一代大文豪还断送了自己的左手。

可也恰恰是这样礼崩乐坏的时代诞生了文艺复兴！不过从这个层面去看，我也发现意大利这边的贵族，相比于法国，他们的行为是比较粗鲁的。他们在礼仪规范上确实没有法国宫廷的完整性、系统性。他们更加感性、崇尚激情，这与我们去意大利旅游时所感到的热情而不靠谱的印象相符合。

●世上有很多人费尽气力,想登上天堂,不料自己没有成功,却把别人送了进去。

傲慢与偏见
Pride and Prejudice

■ 若无特殊说明,本日引文内容均出自简·奥斯丁:《傲慢与偏见》,孙致礼译,译林出版社,2018年。

■这让我想起英国文学中一类典型的人物——姨妈、姑妈。她们往往就是你提到的这类"老姑娘"。《大卫·科波菲尔》中那个姑妈是多么让人难以忘怀啊。▲在《傲慢与偏见》里,菲茨威廉·达西也有一个讨人厌的姑妈凯瑟琳·德布尔夫人。●其实在简·奥斯丁后期的生命角色中,最重要的就是姑妈。她最爱的侄女范妮,甚至成为《曼斯菲尔德庄园》里女主角的名字。

涂鸦上瘾的蓝袜子才女,或曰,中产阶级妇女开始写作了!

在开始今天的谈话前,我想先读一段弗吉尼亚·吴尔夫在《一间自己的房间》里的话:"十八世纪末,女性头脑极度活跃——谈话、聚会、写文章议论莎士比亚、翻译经典作品,这都得益于一个确凿的事实,即女性可以靠写作挣钱。一件事情,如果无人付钱,必显得轻薄,而金钱让轻薄变为庄重。当然还会有人耻笑'涂鸦上瘾的蓝袜子才女',但没人能否认,她们可以往自己的钱包里放钱了。"[1]因此,十八世纪末出现了一场变革,倘若我能够重写历史,我会把它说得比十字军东征或玫瑰战争更重要——中产阶级妇女开始写作了。

吴尔夫这里说的十八世纪末刚好就是《傲慢与偏见》这部小说诞生的时期——《傲慢与偏见》于一七九六年完成,当时简·奥斯丁才二十一岁,她最初为这部小说起的名字是《第一印象》。小说在写好十七年后的一八一三年才得以正式出版。而小说的作者简·奥斯丁就是那类标准的"涂鸦上瘾的蓝袜子才女"。可是,为什么吴尔夫认为中产阶级妇女开始写作是如此惊世骇俗的一件事,甚至不惜将其定义为"妇女的史诗时代"?

---

1 译文引自弗吉尼亚·吴尔夫:《一间自己的房间》,贾辉丰译,人民文学出版社,2003年。

我想这里有三个概念得先拎出来,第一个是中产阶级,第二个是妇女,最后一个是写作。这里我们不可能一下子把它们都说完,可以留待后面展开。但我想先强调的是,吴尔夫的话有很强的历史后见之明,不可尽信。为什么这么说呢?吴尔夫以及以她为代表的布卢姆斯伯里团体,本身就是一个典型的中产阶级社团。而他们都是二十世纪初的人,那时资本主义已经进入帝国主义扩张期,正如凡勃伦所言,社会逐步从生产型向消费型转变,社会阶层的划分与自觉是非常明晰的。反过来,把这样一个词安在距她一百多年前的老前辈简·奥斯丁,这位她的写作上的"老祖母"身上,肯定是"傻傻分不清楚"的。

她也许只会说自己是汉普郡史蒂文顿村奥斯丁牧师的女儿。那时的地域与家庭出身仍然是最主要的身份标识。

另外一个问题你也提到了,简·奥斯丁写成《傲慢与偏见》时才二十一岁,不说豆蔻年华,也是妙龄之姿,事实上,她终生未婚,且在二十五岁以前就已经写成《傲慢与偏见》《诺桑觉寺》《理智与情感》三部不朽名作了。那么,如何来界定这里妇女的概念?(从法律的定义来说,凡是十四岁以上的女性都是妇女。)但显然,那些生活在底层的手工业者、工厂女工是无法做到的。因此,妇女在这里是有限阈的词。

最后一个谬误是写作和钱的关系。你注意到,吴尔夫这前半段话的重点在"女性可以靠写作挣钱"。这其实也是《一间自己的房间》重要的立论,就是写作作为职业的经济性。而女性的经济独立,也是中国读者熟悉的鲁迅关于"娜拉出走之后,怎么样了"的经典论述。但简·奥斯丁写完一部作品,要等十七年后才能发表,比杨过和小龙女的十六年之约还要久。她如果要靠写作养活自己,怕是早就命不久矣了,还谈何房间不房间?所以十八世纪末的女性写作,起码从简·奥斯丁谈起的话,一定有比挣钱更为第一性的原因。

但也不得不说,吴尔夫敏锐地察觉到了这种时代变化。"中产阶级女性开始写作",我们不妨换成"有一定积蓄的女性开始写作",这句话一出,为我们的谈话打开了空间。牵出一个线头,连带扯出了一连串的问题。比如,十八世纪末十九世纪初是个怎样的时代?"有一定积蓄"可否量化,该如何量化?积蓄又从何而来?还有一些关于女性生活的问题,等等,可以说是蔚为大观。为了避免高蹈,这里不妨先从简·奥斯丁的家庭入手,来看看"有一定积蓄"这个概念。

和《傲慢与偏见》中班内特一家五个孩子的情况一样,简·奥斯丁生在一个大家庭,除了一个生下来不久就夭折的女婴外,简是家里的第六个孩子,她的前面有四个哥哥和一个姐姐,未来她还将有一个弟弟。奥斯丁太太的生育成功率在当时是非常高的(一八〇〇年之前,妇女生育的死亡率在百分之一点五左右)。想象一下,简从小就生活在这样一大家子人中间,熙来攘往,如果还要算上父母双方的堂亲表戚,以及因父亲开办寄宿学校而住在家里的那些学童,我们就不难理解简·奥斯丁为什么那样擅长写家庭故事了。

话说回来，如果全家老小只靠父亲的牧师工资维持生计，生活负担将是非常大的。奥斯丁家除了开门办学外，她的父亲作为当时的乡村牧师，还会从事一点农业生产——无论是在教堂的土地上还是在自家的土地上。在简·奥斯丁出生的一七七五年十二月十六日前后，她的父亲乔治·奥斯丁正跟当地的农人一起大搞农耕竞赛。由此也可以看出，奥斯丁家的生活与农民本身的差距并不大，也就是说他们并不富裕，并且这一切还随着父亲的去世化为乌有，因为房子和土地是教区提供的，且教堂不为神职人员的遗孀和孤儿提供补贴。加上长子继承制（一九二五年方废除），父亲死后，遗产自动转移到大儿子身上，如果这时家里的女儿还没有结婚，那么她就只能靠其他兄弟的接济度日了。

这也就不难想象《傲慢与偏见》里班内特一家五个女儿还没有出嫁，她们的父母是多么心焦了，特别是母亲，因为她和班内特先生膝下没有儿子，等班内特先生百年之后，他每年四千镑的财产都得由一个远房亲戚来继承。记得小说提到，班内特太太毕生的心愿就是把自己的五个女儿成功地嫁出去。否则，等班内特死后，靠班内特太太仅有的一点嫁妆是难以维持女儿们和自己的生活的。

可事实上，简·奥斯丁并没有她小说里的人物那么幸运。在父亲去世后，她几乎身无分文，她和母亲生活在一起，完全依靠兄弟们的扶持来安排生活，直到一八一三年她的小说出版。当时她雀跃地给她的姐姐卡桑德拉买了一块布，并写信劝她姐姐说："不要拒绝，我有钱了。"

你很详细地介绍了奥斯丁家的小气候，我这里可以补充一些时代大气候。一七九六年到一八一三年的英国恰好处于乔治三世晚期和著名的摄政时代。乔治四世摄政准确的年份是一八一六年，但考虑到乔治三世的精神错乱，摄政时代实际上是从一八〇〇年到一八三〇年。

简·奥斯丁的小说《爱玛》就题献给了摄政王殿下，署名是"殿下的忠诚、恭顺、卑微的仆人"。事实上，题献本不是简的意思，她甚至非常抵触这样的做法。但当时的出版商约翰·默里很坚持，他还告诉简·奥斯丁这是皇家的暗示，她必须照办。结果证明，《爱玛》确是简在世时发行量最大的书，我记得当时印了两千册。

从皇家的这种暗示也能看出，那时社会风气中弥漫着一种奢靡、虚浮的贵族之风，有一定身份和家世的人家均难免眼高手低，对待工作均持贵族化的态度。像简·奥斯丁这样的牧师家的女儿，除了嫁人几乎就没有什么其他出路，能像我们现在的女性一样离开家找一份工作是很难想象的。而当时为女性提供的工作在她们看来又都是"不体面"的，比如女仆、女工等，这些基本上都是下层妇女的职业。而如简·爱那样能够成为家庭或者教育机构里的女教师，又要等到维多利亚时代了。

另一方面，在简·奥斯丁出生的第二年，也就是一七七六不过天下事总是这样的▲你嘴上不诉苦，就没有人可怜你。

年,刚好是瓦特改良蒸汽机的时代,这意味着英国进入了工业革命的黄金期。机械解放了人力,同时带来了规模化生产,以及后来"到海外"去的殖民扩张。同时呢,在《傲慢与偏见》诞生和出版的时间区间里,法国大革命、英法战争、拿破仑战争等也在持续不断地进行。

简·奥斯丁的两个兄弟,哥哥弗兰克和弟弟查尔斯都加入了英国海军,实际参与了相关战争。前者后来在军队中位阶极高,官至海军元帅。从这个方面看,再对比简小说中那种稳定平宁的乡村气氛,真是有些意外。

其实也不必意外,外部所有变化,极大地刺激着男性的生命力和想象力,反过来,对女性来说就没那么"热闹"了,或者说外界留给女性施展的舞台少之又少。而像简·奥斯丁这样的女性又无法做女工、女仆,那么唯有家庭能成为她的空间。简在后来的岁月里,经常往返于东肯特郡和乔顿,她生活中的大部分时间都用在了照顾哥哥们的孩子、嫂子们的分娩及产后康复上。生活把女性禁锢在了家庭的四堵墙里,但同时也为她们打开了一扇想象的窗子——写作。

还有阅读。在你谈到的这些重大的历史变化、经济变化之下,有很多旧的劳动都被专业化、机械化的新方式所取代,其中最直接的就是女性的纺织。女性在家庭中拥有了前所未有的时间,用伊恩·瓦特的话说则是"被迫的闲暇",这时,阅读便成为她们打发时间的好办法。伊恩·瓦特在《小说的兴起》里说，与男性世界相比，学习更适合女性世界的首要原因是，她们手里有着充裕的时间，她们过着一种更需要久坐的生活……另一个原因是，那些有社会地位的女人，尤其热衷于写信，因为她们的丈夫对她们来说常常形同陌路。凡此种种，有意无意地培养起了女性在阅读与写作上的才情。女性也成为小说兴起的重要推手。

因为丈夫关心的都是家庭之外的事。

另外，也因为你刚刚提到摄政时代审美和生活态度上的贵族化，如奥斯丁家这般的父母，一定是不主张女儿外出工作的，但又不希望她们目不识丁。简和姐姐从小在家里接受的教育，严格上说其实是人文主义教育而非技能培训。到《傲慢与偏见》发表，英国女性的识字率在百分之四十左右。伊丽莎白·班内特、爱玛·伍德豪斯、凯瑟琳·莫兰，这些奥斯丁笔下的女主人公尽皆如是。这一方面丰富了她们的精神世界，但另一方面，也让她们在成年后面对男性化的现实社会十分苦闷，她们唯一的出路只能到婚姻市场上去找。反过来，禁锢在家却使女性获得了更敏锐、更丰富的感受力来发现、想象私人关系中的微妙之处，而这些对男性来说属于碎屑、世俗的东西，恰恰成为女性在小说领域的优势。

你刚刚提到伊恩·瓦特的话，除了阅读、写作，他也提到

写信是一项女性重要的消遣,而且相较于阅读,写信是更为重要的社交方式,写信的欲望也往往比写作来得强烈和持久。因为它是暗诉心曲、分享"八卦"的最佳途径。阅读当时人们遗留下来的信件,你会惊讶于那些双方坦诚到让人含羞的露骨言辞,提到这个,十九世纪的作家福楼拜应该是最出名的一位。简·奥斯丁一生很大一部分时间都是用在写信上的。

可惜在她去世后,她的姐姐卡桑德拉把她的大部分信件都付之一炬。

这样一来,女性在阅读和写信的双重作用下,丰富了自己的想象力,锻炼了笔头实践,在此基础上的写作,似乎就变成了水到渠成的事。

还值得补充的是,当时的人们热衷于把书或者信大声地朗读出来,作为一个家庭娱乐项目。在《傲慢与偏见》中你就能读到班内特一家曾这样读书与听书。当然,在当时说来,这也是出于经济考虑,因为一本书的成本仍然很高,家里的藏书总是有限的;另一方面,战争期间的蜡烛照明也是一笔高昂的费用,一个人朗读一本书让一群人听,是消耗照明性价比最高的方式,同时也是把一本书消遣得最到位的方式。

记得英国一度还征收过窗户税,窗户越多要交的税也越多。反过来窗户少了,税也省下来了,但采光和照明就弱了。朗读

▲傲慢让别人无法来爱我,偏见让我无法去爱别人。

也许和这个窗户税也有些关系。

让我们再回到一七九六年。现存简·奥斯丁最早的一封信是她在一七九六年一月九日写给卡桑德拉的。这封信主要叙述了写信的前一晚简参加的一个舞会,同时也暗示在舞会上出现了一位来自爱尔兰,一头金发,颇有魅力的汤姆·勒弗罗伊先生令她倾心,除此之外还有其他她在舞会中听到和看到的种种男女交往。那种欢快的倾诉少女心事的言语充满了青春的气息。要是我们还想到,这一年简正在写她的《傲慢与偏见》,伊丽莎白的年纪恰恰就是简的年纪,那么伊丽莎白与达西的爱情,又何尝不是现实中简·奥斯丁爱情的欲望的投射呢?虽然简·奥斯丁终生未婚,但对于后世读者,我们要明白(根据这封信),那绝非因为她有着我们现代女性所抱有的独身主义。

你谈到一个很重要的问题,那就是"老姑娘"或者"老处女"这个概念。在奥斯丁的时代,大多数终生未婚的女性,其实是迫于无奈的。这里面涉及刚刚提到的时代大背景。在长子继承制下,那些次子们要想成家,首先就得立业,而国内的财富总是被"长子圈子"把持。怎么办?他们不得不去海外殖民地发展或者当兵,留在国内的一般就是当牧师(想想奥斯丁家的那些哥哥、弟弟的职业选择),等在海外挣了钱,他们也就三十五甚至四十岁朝上了,而与他们同龄的女性在这个过程中就被"剩"下了,这些当年年轻的男孩子们回来,大都会找比他们年轻的女性结婚。这样一种循环,造成当时英国国内男女比例失衡，以及女性未婚比率攀升。据说在一八八一年的英格兰，年龄在四十五岁到五十四岁之间的女性，有百分之十二都还没有结婚。而与此同时，不属于我们讲到的这些会识文断字、热爱阅读的简·奥斯丁式女性——中下层女性，她们的结婚率往往要高得多，因为她们可以利用做工的机会接触到更多的男性，同时她们的婚姻观也会更现实，没有班内特家里那种向上攀登的欲望。

这让我想起英国文学中一类典型的人物——姨妈、姑妈。她们往往就是你提到的这类"老姑娘"。《大卫·科波菲尔》中的那个姑妈是多么让人难以忘怀啊。在《傲慢与偏见》里，菲茨威廉·达西也有一个讨人厌的姑妈凯瑟琳·德布尔夫人。正是她在达西的婚姻选择中作梗，希望他迎娶自己的表亲，以实现日后财产"肥水不流外人田"的企图。

其实在简·奥斯丁后期的生命角色中，最重要的就是姑妈。她最爱的侄女范妮，甚至成为《曼斯菲尔德庄园》里女主角的名字。

另外一个有意思的现象就是中产阶级女性在当时普遍晚婚，但她们的生育能力和生育数量却大大超过中下层女性（比如奥斯丁家有七个子女、班内特家有五个女儿、勃朗特姐妹家一共有六个孩子等）。

这和现今的情况刚好相反，现在城市里的青年男女都不想生孩子，或者顶多生一个。社会少子化现象很严重。

当然这和医疗、卫生条件关系重大。但反过来，这也造成巨大的隐患——中产阶级这么多子女，要保住自己的阶级尊严该怎么办？我们刚刚说了，男性可以去海外、去当兵；那待字闺中的女性呢？肯定不能"下嫁"吧。因此，她们理所当然地就会一门心思去找一个好婆家。在她们这个阶层被耽搁的人比比皆是，比如乔治·艾略特、勃朗特姐妹里的艾米莉和安妮，当然，简·奥斯丁也算在内。

这样一说，再去看前面提到的简·奥斯丁的那封信，不无凄凉。信的开头，简直言"首先我希望你能再活二十三年"。从一七九六年开始算，二十三年后是一八一九年，那时的姐妹俩，一个四十三岁，一个四十六岁，即使按照当时晚婚的标准，她们肯定都已结婚，甚至生儿育女。结合这封信中其他关于恋爱、舞会的内容，这一切不是不可能的。然而历史无法假设，简在一八一七年便去世了。她在二十三年前憧憬的一切只能留给历史与读者去遐想了。

令人惊喜的尤物，或曰，爱情万岁！

现在我们再回到文本来看简·奥斯丁的欲望具体是如何投射在《傲慢与偏见》里的。在简·奥斯丁看来，《傲慢与偏见》是她六部出版的小说中最为"轻松、欢快、夺目"的，而这里最大的功劳当然是在塑造了伊丽莎白这一角色上。

我们不妨把她其他几部作品的女主角纷纷请出场，就会发现《爱玛》中的爱玛·伍德豪斯的聪明有些过了头，简直接近势利的感觉；《诺桑觉寺》里的凯瑟琳·莫兰又太现实；而《曼斯菲尔德庄园》里的范妮·普莱斯以及《劝导》里的安妮·艾略特均是文静沉稳有余，活泼不足。唯有这个伊丽莎白·班内特，她的伶俐热烈，多思果敢，与我们现实生活中对现代女性的设想若合符节。

说到伊丽莎白的不同凡响，你记得书中是如何形容她的吗？和姐姐简比，她没有那么漂亮，性格也不温柔；和妹妹玛丽比，她读书多却没有讨厌的掉书袋（这是优点）；和莉迪亚以及吉蒂比呢，她不俗气。注意这最后一点——不俗。我觉得这才是伊丽莎白最大的特点，而也正因为她的不俗，才有了她对达西最初的偏见，才产生了这本小说的对话性。要想说明伊丽莎白的不俗，就先看看简·奥斯丁是如何写"俗"的。你记得小说那有名的开头吧？

"有钱的单身汉总要娶位太太，这是一条举世公认的真理。"

这个话是站在男性角度说的,实际上正如咱们上面谈到的,在当时婚姻市场紧张、女性如此"滞销"的情形下,大凡年轻貌美的女青年,谁不想嫁个有钱的绅士呢?这应该成为与它同义反复的另一条举世公认的真理。而这条真理恰恰就是小说中所有人物的行动动力,也是小说的叙事动力。

《傲慢与偏见》一开场就把当时社会现实的俗调摆了上来,班内特一家吵吵嚷嚷,整个梅里顿因为两个有钱绅士的到来而炸开了锅,小说之后的其他人物便是在这"婚姻市场"的俗世中被一一刻画的。

这让我想起了两组人物故事,一个是伊丽莎白的妹妹莉迪亚和威克姆私奔;另一个就是教区牧师柯林斯追求伊丽莎白不成,反手去追她的闺蜜卢卡斯。前者是俗世中的一个意外,但和伊丽莎白与达西的爱情神话相比,显然简·奥斯丁对这两人单纯为了情欲消耗彼此青春的做法持否定态度。

而她对这第二对,就几近于鄙视了(主要对柯林斯先生,对卢卡斯则是同情)。柯林斯有点像我们现在流行说的一种男人——"普信男"(明明很普通但又很自信)。你看他向伊丽莎白求婚一再遭到拒绝后所说的话:

亲爱的表妹,请允许我说句自信的话:你拒绝我的求婚,不过照例说说罢了。我之所以会这样想,主要有这样几条理由:我觉得,我的求婚总不至于不值得你接受。我的家产总不至于让你无动于衷。我的社会地位,我与德布尔府上的关系,以及

■一个人不要起脸来可真是漫无止境。

我与贵府的关系,都是我极为优越的条件。你还得进一步考虑一下:尽管你有许多吸引人的地方,不见得会有人再向你求婚。你不幸财产太少,这就很可能把你活泼可爱的地方全抵消掉。因此,我不得不断定:你并不是真心拒绝我,我看你是在仿效优雅女性的惯技,欲擒故纵,想要更加博得我的喜爱。

柯林斯说的话是被中产阶级门当户对观念所辖制的。从当时传统的意义上说,女性的地位是由父亲、丈夫的地位所定义的。柯林斯对于婚姻的想法,是在把伊丽莎白往当时对女性的,主要是中产阶级妇女的理想典范里装(比如持家有道、相夫教子)。他的自信不单纯是性别自信,还有阶级自信,很难想象一个工人和农民男性会这样对他心仪的女性说话。

乔治·艾略特的《亚当·贝德》就是写农民青年男女的爱情。

而且柯林斯的婚姻是高度理性、精于算计的。如果读者能够宽容一点,小说中其他很多女性,包括班内特家的女儿们,何尝又不是女版柯林斯呢?

简·奥斯丁正是通过环绕在男女主人公身边这些或成功或失败的爱情、婚姻,营造出你说的英国乡村的俗世世界。反过来,这一切也让伊丽莎白与达西的爱情更具浪漫主义的不俗。

其实我们还能再举一个例子。你记得玛丽·班内特这个伊丽莎白的妹妹吧？她在书中被塑造成一个非常墨守成规，极为注重自己的礼仪规范的"呆小姐"。而与这个妹妹相比，伊丽莎白在姐姐简突然生病，耽搁在内瑟菲尔德庄园回不了家时，不顾"体面"，独自一人跑三英里去探望的行为就显得颇为特立独行了。

这也是书中达西对伊丽莎白刮目相看的转折点。

在当时，前者的克己与利己是被推崇的，后者的人情味与大胆是要被说闲话的。事实上，宾利的妹妹卡罗琳就颇为嫉妒地说，伊丽莎白满腿泥泞地跑来，乡巴佬气十足。

又是一个"不俗"的对比。

没错。但这不俗是有代价的。

因为偏见。

双向奔赴，或曰，我们不一样！

伊丽莎白在朗伯恩第一次舞会结束后，对达西的印象是，这个人"令人震惊的粗暴"。

> 他是个最讨厌、最可恶的人，压根儿不值得去巴结。那么高傲，那么自大，叫人无法忍受！……我厌恶透了这个人。

其实我还挺理解伊丽莎白的感受的，因为自己的尊严不能受到侮辱。毕竟换了任何人，听到被人这样说都不会毫无波澜地默默接受。

> 她还说得过去，但是还没漂亮到能够打动我的心。眼下，我可没有兴致去抬举那些受到别人冷落的小姐。

没错，伊丽莎白的偏见与达西的傲慢是相反相成的。他们都是聪明人，正因为他们的聪明，柯林斯先生之流算的那笔账——门当户对，或者攀高枝——在伊丽莎白和达西心里更是明镜似的。而这种"人间清醒"恰恰是他们剑拔弩张地相遇的原因，当然也是他们惺惺相惜的原因。

小说后来，当这对爱人互诉衷肠时，伊丽莎白直言不讳地点破：

> 事实上，你讨厌恭恭谨谨、虔虔敬敬和殷勤多礼的那一套。

有些女人从说话,到神态,到思想,总想博得你的欢心,你厌恶这种女人。我引起了你的注意,打动了你的心,因为我跟她们截然不同。

这真是聪明人的爱情。全靠智商谈恋爱,彼此心知肚明。

我记得我看过一个分析,说小说中的达西以"每年一万镑"的收入可以跻身当时全英国四百个最富有的家族之列。而再想想班内特一家的女儿们,她们出嫁的所有嫁妆顶多也就一人一千英镑。由此我们也可以说说当时的社会等级和财富的对应关系:

第一等级还是贵族,他们拥有绝对的土地的财富;第二等级是拥有财产但有的可能没有贵族头衔的老牌家族;第三等级是通过个人的职业、专业获得了财富的群体;第四等级是身份低微的乡绅阶层;最后一等就是具有绅士风度的专业阶层,比如医生、律师、神职人员等。小说中达西的身份当属第一等级,而伊丽莎白(包括奥斯丁家)都是典型的最后一等。

差距不可谓不大啊!

确实是这样,再加上班内特家那个母亲"鸡娃"式助推五个姑娘,家庭内部的内卷增强了外人看待这个俗气且势利家庭的鄙夷眼光。达西的傲慢正是来自巨大的阶级差异,以及饱和的中产阶级内部阶级跃升欲望的内卷化趋势。

但我们说了,伊丽莎白是不俗的。然而达西对"不俗"的了解——从精神层面的彼此找寻——是需要时间的。

包括伊丽莎白对达西"傲慢"的消解。

说白了,其实就是如何证明"我们不一样"。

从达西的角度看,他的傲慢其实是阶级傲慢,是百分之一的富人(而且还是贵族)对新兴资产阶级的势利小人的固有认知。这从达西第一次出现在梅里顿舞会拒绝跳舞的厌恶情绪里表现得很明显。他的绅士风度是植物性的,高冷而无欲无求,而当他来到梅里顿,看见的人都是那么吵闹,眼里充满了"选我选我选我"的热望。与他的植物性相比,这些人(包括伊丽莎白)都是动物性的。

而内瑟菲尔德庄园的情节给了达西一个机会,让他认识到伊丽莎白的"不一样"。她的"不顾体面",她的"焦急与冲动"反而令她在达西眼中变得不同。

简·奥斯丁让达西放下傲慢的时间太快。所以电影版《傲慢与偏见》里的达西才会对简说,我是从我们已经走过一半的路上等着和你相爱的。这也反向说明,伊丽莎白爱上达西是经历了一番纠结的情感教育的。

而这个情感教育基本上是英国文学中一种固有套路的再次成功搬演——女仆嫁给主人。记得许多年前译林出版社出版过理查逊——简·奥斯丁之前的时代的大作家——的代表作《帕梅拉》,这部小说诞生在一七四〇年,写的是女仆帕梅拉长久地忍受男主人B先生的人身攻击、诱奸、欺骗,但最终帕梅拉用自己的善良

■女人们往往会把爱情这种东西幻想得太不切合实际。

感化了B先生且使两人深深相爱的故事。这个故事在当时的英国取得了巨大的成功，几乎家喻户晓。简·奥斯丁从小嗜读小说，一定也是看过的。而伊丽莎白-达西的关系结构，从某种意义上看，就是帕梅拉-B先生关系的再度复活。在此之后，英国文学史上还有一对这样经典的关系，那就是简·爱-罗切斯特。

而且这三部小说也都是站在女性人物的角度，展现她们的情感教育的过程，并最终实现浪漫爱情小说的圆满结局。虽然它们的形式和程度各有不同。帕梅拉和伊丽莎白一样，最初都拒绝了男主人公的求婚，而且是断然拒绝。

伊丽莎白的回答是：

达西先生，假如你表现得有礼貌一些，我拒绝了你也许会觉得过意不去。除此之外，你要是以为你的表白方式还会对我产生别的影响，那你就想错了。

当然，作为读者，我们即使事先不知道结局，看见这句话，也不会大惊小怪，毕竟作为爱情小说，这只是爱情路上的一点点波折。

需要注意的是，这里面对男女人物（特别是女性）的情感教育，是现代小说一个重要的心理描写手段。从帕梅拉的书信体（她倾诉的对象是父母，她给父母写信，但实际上父母根本收不到）到伊丽莎白与简·爱的内心独白，小说人物心理空间的打开,使爱情中的双向奔赴,不是仅仅停留在物质层面上,而是先在精神和文化层面上达到体认。

但反过来说,为什么总是女性被教育得更多一些呢?

比如,小说前面写伊丽莎白是那样具有独立的思想和自我意识,可是等到达西渐渐理解了伊丽莎白,伊丽莎白前面的那些特立独行却不得不收敛,或者说妥协。就像在小说中,随着加德纳舅舅、舅妈无意间去彭伯利庄园(达西的家)参观之后,简·奥斯丁给了伊丽莎白这样一个内心独白:

> 达西先生作为兄长、庄主和家长,掌握着多少人的幸福!能给人带来多少快乐,造成多少痛苦!又能行多少善,作多少恶……不由得想起了他的一片衷情,心里泛起了一股从未有过的感激之情。一想起他那个倾心劲儿,也就不再去计较他求婚时言辞唐突了。

虽然简·奥斯丁是以积极的情感来写这种阶级融合,并给小说以皆大欢喜的结局。但想到小说前半部分的那种女性的灵动与独立,我还是觉得伊丽莎白的"不计较"背后,暗含着当时女性面对阶级跃升的某种妥协。

每个作者都会受到他所处的时代的局限。你提到了加德纳夫妇,你会注意到,他们拥有伊丽莎白这个阶层里少有的正面人物形象。(加德纳先生在小说中出场的时候,被描述成"知书达理，颇有绅士风度"。）小说中，如果不是他们这对贤伉俪把伊丽莎白带到德比郡，也许一切都无从谈起了。另外，故事的最后，那对离经叛道的威克姆与莉迪亚，也是在达西和加德纳先生的合作下被拯救的。这说明什么？我想也许这代表着贵族阶层和新兴商业阶层的某种合作或者联姻。这也是简·奥斯丁站在她那个时代为我们提供的某种意识形态图腾。

而在这"联姻"中，仍然是男性站在主导地位，女性基于其次。时代的局限让简·奥斯丁为了追求完美结局，不得不牺牲女性，使其妥协。你看那晚她不到半个世纪的勃朗特姐妹，当夏洛蒂写《简·爱》的时候，她就没有那么追求所谓"完美"，最终简·爱和罗切斯特确实在一起了，但那是很苍凉的——一个年老的瞎眼的爱情。

怪不得夏洛蒂·勃朗特对简·奥斯丁很不以为然，她曾向他人表示，简·奥斯丁是一位贵妇人，但并不是一个女人。因为，她对人的眼睛、嘴、手和脚的关注远大于对人心的关注。

我想她的话指向的是小说更本质的问题——什么才是现实？

■ 有钱的单身汉总要娶位太太,这是一条举世公认的真理。

包法利夫人
Madame Bovary

■若无特殊说明,本日引文内容均出自居斯塔夫·福楼拜:《包法利夫人》,李健吾译,人民文学出版社,1979年。

■"金屋被我封死了,但娇娃并未毁伤",可以看出他对这个女人是多么念念不忘啊。▲但在四年后,福楼拜中学毕业去法国南部旅游,他落脚马赛,被一个已经三十五岁的店家的女儿吸引,女人叫欧利拉·福科。●这个女人经验丰富,一看就是风月老手,转瞬间就成为福楼拜在性爱上的第一个女人。他对这个女人亦是如痴如醉,并真诚感谢欧利拉给他带来的肉体上的欢愉。

人类的语言就像一只破锅,
我们敲敲打打,
希望音响铿锵,
感动星宿■实际
只有狗熊闻声起舞■而已。

福楼拜的对称性，
或曰，布尔乔亚恐惧症

福楼拜有句名言："包法利夫人就是我。"所以，在谈《包法利夫人》之前，我想先和你聊聊它的创作者——福楼拜。

福楼拜是典型的十九世纪人。对十九世纪人这个说法，有个更为人熟知的名词——维多利亚人。虽然福楼拜是法国人，但"维多利亚人"这个概念背后为十九世纪西方资本主义、中产阶级特定人群的画像，我想是放之四海而皆准的。

福楼拜的出身是典型的中产阶级家庭。

没错。他出生于一八二一年十二月十二日，出生地是法国鲁昂。鲁昂那时的人口大概是十万，那时巴黎的人口差不多是六十万。两厢比较，鲁昂在当时也是一个不小的城市。和巴黎不同，它是因工业起家的新兴富庶之城，城市以工厂、货栈和沿塞纳河停泊的各国商船而闻名。这样的城市，市民气息极为浓郁。

福楼拜的父亲是当地市立医院的外科主任，享有很高的声誉。但他的出身似乎并不高，家族世代以兽医为业，到了福楼拜父亲这一代才立志改变，从学业上获得了阶层的跃升。而福楼拜的母亲似乎正相反，从小就成为孤女，但她的家族却是来自诺曼底的豪门,据说祖上还有人在中世纪成为穿袍贵族。

如果有一个阶层图谱的话,福楼拜的父母,一上一下从各自的定点出发,最终相交在鲁昂的中产阶级坐标点上。

福楼拜是家里的第二个男孩,他还有一个哥哥,比福楼拜大十一岁。这个哥哥后来子承父业,也成为当地的外科医生。这个哥哥处处按照父母的规划完成自己的人生目标,以现在的眼光看,虽然会觉得中规中矩,但也是扎扎实实的世俗意义上的成功人士。也因此,他成为处处脱离正轨的弟弟福楼拜的对立面。两人一生的关系都比较冷淡。

他的哥哥就像是典型的中产阶级教育出来的孩子,受过良好的教育,积极上进,成功之路上没有什么荆棘。对于中产阶级家庭的孩子来说,只要付出一定的努力,且被认为拥有一定的智慧,那么任何人似乎都能获得社会的回应,孩子完全能够顺利地满足家庭及社会对他的期望。

我们不妨再来看看福楼拜家的具体环境。在福楼拜出生的前几年,他的父亲刚刚接替病故的外科主任,他们家也得以搬进城里外科主任的专用宅邸。这座住宅是长方形的灰砖房屋,二层结构,窗户高大。随着父亲位阶的提升,收入也得到大大的提高。也是在那几年,福楼拜家出资三万八千法郎(这可是很大的一笔钱啊!)在郊区置业——占地两公顷,附带花园、菜园、温室、马房、畜棚、谷仓、面包房以及一个礼拜堂。从中我们可以看出，福楼拜出生时他的家境很富裕。

可以说是十九世纪中产阶级的中上层水平了。反过来，物质的富裕似乎对福楼拜心灵成长没有多大的帮助，反而是一种压抑！他自陈自己从小"见弃于父母"，除了你刚刚提到的比他大十一岁的哥哥得到更多父亲的关爱外，福楼拜还有一个比他小两岁的妹妹。母亲因为之前夭折的女婴，对这个妹妹又格外宠爱，这让福楼拜夹在中间，左右不逢源。（这可能就是家里老二的共同命运吧。）

太阳照射过来，在我的头上花草丛上盘旋的苍蝇，飞去停在那儿，又嗡嗡飞回来……我还看到父亲从解剖台上抬起头，叫我们走远点。[1]

记得在特洛亚写的福楼拜的传记里有这样一个场景：福楼拜和妹妹常常透过玻璃窗，看见父亲拿着解剖刀，趴在一具尸体上，鬼气森森的印象长久留在福楼拜的脑海里。

在这种环境里，小福楼拜变得非常内向，"时常一个人坐着发呆，嘴巴含着手指，目光空茫，旁人说什么他听不见，轮到

---

[1] 译文引自亨利·特洛亚：《不朽作家福楼拜》，罗新璋译，世界知识出版社，2001年（以下简称《不朽作家福楼拜》）：一八五三年七月七日致鲁伊斯·高莱。

自己说的时候,又说不出一句完整的句子"[1]。不可否认,福楼拜的原生家庭决定了他对中产阶级的看法,即那句有名的"布尔乔亚恐惧症",这是他为一封信所拟的标题。而这样的家庭同样塑造了他的性格。

是的,你记得查理·包法利的出场吗?

小福楼拜的某种情态,恰恰与查理·包法利一样!

新生站在门后墙角,大家几乎看不见他。……大家开始背书。他聚精会神,像听不到一样用心,连腿也不敢翘起来,胳膊肘也不敢支起来,两点钟的时候,下课钟响了,班主任要他和我们一道排队,不得不提醒他一声。

唯唯诺诺,谨小慎微,不希望被关注,这是一种很典型的中产阶级家庭孩子的特点。事实上,在一八三二年,十一岁的福楼拜开始在鲁昂的皇家中学寄宿。他的中学时代一如查理·包法利,并不快乐。一方面是自己学业成绩平平,不怎么被老师重视,另外一方面,学校里的规矩比家里的那套规行矩步的规范更加严厉、严格。他承受了更大的压力。这在他日后所写的《狂人之忆》《十一月》这两部回忆性作品里被诚实地记录下来。

---

1 译文引自《不朽作家福楼拜》。

夜里，听风呜呜悲鸣，久久不已……巡夜教员手提马灯，缓步走来，听到他走近床边，我佯装睡着，而后就假睡成寐，半在梦中半哭中。[1]

——《狂人之忆》

进中学，就不快活，心里很烦闷，滋生各种愿望，渴望过一种变动不居的生活，梦想种种强烈的情感，恨不得都能亲尝亲历一番。[2]

——《十一月》

这是多么苦闷的惨绿少年啊！

但青春又怎能真的被关住呢？福楼拜通过读书、写信找到了发泄的渠道。他像在磨一把刀，不断地写！写！写！——虽然不知道这些文字要把他的想象力引向何处。这把刀也成为他日后针砭社会的文字解剖之刀。

就在福楼拜的中学时期，他大量阅读，崇拜雨果，并自陈雨果"像拉辛、卡尔德隆和维加一样伟大"，好像他那时还经常提到蒙田、拉伯雷和拜伦。

---

[1] 译文引自《不朽作家福楼拜》。
[2] 译文引自《不朽作家福楼拜》。

▲当我还很年轻时,就已经对生活有了彻底的不祥预感。它就像是从排风口里散发出来的令人反胃的烹饪味道:你根本不用吃,就知道它会让你呕吐。

真的，我深心只敬佩两人：拉伯雷和拜伦，他们的写作，直指人性的弱点，不加掩饰地加以嘲讽。[1]

但查理·包法利就没有这么幸运了，他被母亲一手包办人生，有点像我们现在常说的"妈宝男"——考取自己兴趣阙如的医师资格、娶没有爱情的寡妇杜比克夫人（只因为她有亡夫留下的每年一千二百法郎的遗产）。他满以为结过婚，环境改善，离开母亲的控制，自己就自由了，但没想到当家作主的是杜比克夫人，他只不过还是那个"站在门后墙角"的听差，还是没有逃出那个从小圈住他的家庭。

反观福楼拜，一辈子选择独身，却情事迭起，简直是查理的另一个极端。

你提到福楼拜的情事，我觉得这是他对原生家庭的反叛，或者说是对中产阶级价值观的有意颠覆，也许这也是他"布尔乔亚恐惧症"的真实渊薮。要知道，当人们提到"维多利亚人"时，往往伴随着对中产阶级的性爱观和一本正经的道德训诫的大加嘲讽。福楼拜的成长看起来挺压抑的，加上文学的添油加醋，可以想见他的反叛之心会是多么强烈。

这里我们是否可以谈谈福楼拜的感情生活？

---

[1] 译文引自《不朽作家福楼拜》：一八三八年九月十三日致欧内斯特。

福楼拜上中学的时候，就经常用污言秽语来议论女性，但另一方面他似乎也和那时的朋友一起对女性顶礼膜拜，渴望追求纯洁的爱情。他在大概十五岁的时候，暗恋上二十六岁的已婚女子爱丽莎·施莱辛格。面对爱丽莎的成熟优雅，福楼拜自惭形秽。但两个人都被对方吸引，在冲动与抑制、美梦与挫败间，福楼拜燃起熊熊欲火。虽然这段感情没有任何实质性进展，但爱丽莎成为他一生的"白月光"，并最终演化成《情感教育》这本小说的情感主线，即阿尔鲁夫人的原型。

我记得福楼拜有封有名的书信里曾提及这段爱情，"我年轻时，曾深深地默默地爱过，爱得十分过分，爱得义无反顾。静夜望月，想着想着诱拐后逃亡意大利，为她而争取荣耀，受尽灵与肉的折磨，闻到香肩而为之痉挛，给人盯了一眼而脸色突然发白，这些我都知道，而且知道得太清楚了。我们每个人心中都有藏娇的金屋，金屋被我封死了，但娇娃并未毁伤"[1]。

"金屋被我封死了，但娇娃并未毁伤"，可以看出他对这个女人是多么念念不忘啊。

但在四年后，福楼拜中学毕业去法国南部旅游，他落脚马赛，被一个已经三十五岁的店家的女儿吸引，女人叫欧利拉·福科。这个女人经验丰富，一看就是风月老手，转瞬间就成为福楼拜在性爱上的第一个女人。他对这个女人亦是如痴如

---

[1] 译文引自《不朽作家福楼拜》：一八五九年十一月二日致阿梅莉·博斯凯小姐。

醉,并真诚感谢欧利拉给他带来的肉体上的欢愉。

"我将用同样的热情同样的欢快紧紧拥抱你,用令人迷乱令人舒服的吻连连吻你,你会看到我的目光同样充满热力充满欲念。"[1]他在《十一月》里如是回忆。

如果说爱丽莎是《情感教育》里的阿尔鲁,那这个欧利拉似乎可以对应为罗莎乃特了。福楼拜似乎总喜欢比他大很多的女性,会不会是因为他有恋母情结呢?我记得他曾给母亲写过一封信,信里谈道:"你知道,最初的印象不易淡忘。我们的过去与我们同在;我们整个的一生都会感受到乳母的影响。"[2]

不可否认,相对于父亲,母亲在福楼拜的生命中是一个至关重要的存在。特别是当父亲和妹妹卡罗琳相继去世后,福楼拜就一直和母亲住在一起,也经常要靠母亲的财产生活。反过来,母亲对他的依恋,后来甚至发展成——当福楼拜去旅行时,她难解思念之苦,会选择一个中点距离接福楼拜回家。

这似乎也非常像《包法利夫人》中查理·包法利和老包法利夫人的关系。只不过,母子俩的依恋被儿子的婚姻(被另一个女人爱玛)给打断了。

---

[1] 译文引自《不朽作家福楼拜》。
[2] 译文引自《不朽作家福楼拜》:一八五〇年十一月二十四日致母亲。

■她睁大一双绝望的眼睛,观看她的生活的寂寞,好像沉了船的水手一样,在雾蒙蒙的天边,遥遥寻找白帆的踪影。

其实要是按照弗洛伊德的看法，这也可以说成是某种俄狄浦斯情节——弑父恋母。我认为在谈《包法利夫人》这一节时，我们可以按下不表。但我们面对福楼拜内心的压抑和释放，确实可以说，在福楼拜身上存在着某种对称性，或者说矛盾性。一方面规规矩矩，与母亲相依为命；一方面却又放荡不羁，厌恶一切婚姻。这两方面他都做到了极致。他很符合弗洛伊德对精神分析起源的定义，即精神分析源起于渴望释放出个人由于各种需求而在内心造成的各种紧张关系。通过前面的分析，我们可以感受到福楼拜成长中与家庭、学校的那种紧张感，也清晰地看到他日后在个人生活层面的充分释放。

沿着与《情感教育》中女性角色的对应分析，小说中还有一个角色，即唐潘士夫人，她的原型只能是赫赫有名的鲁伊斯·高莱了。她应该是与福楼拜在一起时间最久，书信往来最多，且矛盾最深的一位了。同时福楼拜与她在一起时那种紧张感、对称的矛盾两极也表现得最为彻底。

这个矛盾集中体现在我们刚刚说的福楼拜的不婚主义上。

鲁伊斯比福楼拜大整整十一岁，他们相遇的时候，鲁伊斯已经离过两次婚，可以说在巴黎社交界放浪形骸惯了。然而鲁伊斯爱福楼拜，想和他结婚生孩子。可福楼拜呢，几乎是谈此色变，并曾写去激烈的书信：

怎么,曾发誓生活中再也不跟别人拴在一起的我,居然去诞育另一个生命……光这么一想,就如冷水浇背。行,新生命到人世来,我就走出人生去,门外就是塞纳河,纵身一跳就行,脚踝拴上三十六斤重的铁锤。[1]

这信写得多么刻薄而又决绝。很难想象,如果现在的女孩看到恋人这样的回信,不得气到吐血?更别提还能和他继续处下去了。

但鲁伊斯确实和他处下去了(虽然耿耿于怀)。福楼拜不仅对女友如此,对他相依为命的母亲也一样。当他收到母亲希望他尽早成家的信时,他的回复更是令人火冒三丈,绝情程度有过之而无不及。

你问我什么时候结婚?什么时候?永远不!我希望如此。正像一个人对自己的作为要敢于担当,我对这问题负责的回答是否定的。这次出门一年两个月,与社会频频接触下来,我越来越往自己壳里缩……如果要我掏出思想的老底,而措辞又不过分自负的话,我要说:"我已太老,无法改弦更张了。主要是年纪已过。"……一个像我这样过着内心生活的人,分析细微而不无偏颇,易动感情而随即抑止,时而忿激时而宁静,用整个青年时代涵育灵性像骑手调教他的马匹……哎,我想说一个人

---

[1] 译文引自《不朽作家福楼拜》:一八四六年八月二十四日致鲁伊斯·高莱。

开头没有撞得头破血流,以后多半不会再重蹈覆辙。……结婚于我,是一种令人惶恐的背信弃义……欧内斯特是好样的!这是有产者和上等人打出的好球!在保护秩序、家庭和私有财产方面,会比以前更出色!他会按部就班走下去。而他,曾是艺术家……我相信他现在对社会主义学说大动肝火……作为法官,他必反对革命;当了丈夫,他必戴绿巾;一生就在老婆、儿女和职业的卑鄙勾当中度过。一条好汉,本来在他身上可以演示人类全部的盛况。呜呼!换个题目谈谈吧。[1]

这封信信息量很大,我们可以分析一下。

你能想象当今被父母催婚的年轻人,可以如此激昂又如此条分缕析且语带嘲讽地和他们的父母辩论吗?如果不能,你觉得这里面的差异在哪里?

我觉得还是福楼拜那种与生俱来的"厌恶"感!当下青年不想结婚,不愿生孩子往往和经济压力有关,买房子就是头号"大山"!但他们不会产生如此剧烈的仇恨感。你看他对他中学时的好友欧内斯特结婚的反应,竟然说那是"卑鄙勾当",而且断然撂下"结婚于我,是一种令人惶恐的背信弃义"这种话,感觉在福楼拜的内心深处一定和婚姻结过什么梁子。

没错,福楼拜对中产阶级厌恶,一直以来都是直言不讳的,

---

[1] 译文引自《不朽作家福楼拜》:一八五〇年十二月十五日致母亲。

结婚问题只是一个太过突出的例子，对其他方面，他也是如此。而他这种心态，恰恰暴露了内心的紧张感。紧张往往是两方面的，他反应如此剧烈，一方面当然体现出他反抗的力度之大，但反过来，你焉知这强烈的力度不是一种虚张声势呢？中产阶级有一大特点，那就是虚张声势，而这背后暴露的却是焦虑甚至虚弱。正像彼得·盖伊说的，十九世纪的中产阶级心态从总体上说是无助与自信的混合体；流行的刺激和幸福总是被社会手段和内心的防御所控制。你看他自己的恋爱就知道，既有发乎情止乎礼的"白月光"，也有赤裸裸的肉体享受；再比如他一生住在鲁昂，但又经常去巴黎，他对巴黎和鲁昂乡下的克鲁瓦塞，首都和外省的态度，也是这种矛盾的混合体，无不体现出既自卑又自信的两面性。

福楼拜这种游走在两极的对称性矛盾，似乎也能体现在他对写作和出书的态度上。作为举世公认的大作家，他一生只写了六部作品，相较于他的同时代人——乔治·桑、巴尔扎克、雨果来说，真是太少了。

乔治·桑一生留下了九十四卷本！巴尔扎克的《人间喜剧》也是蔚为大观。

这似乎又是他关于写作的一种矛盾心态。记得他曾和龚古尔兄弟聊起写《萨朗宝》的经历，他懊丧之极："一句句子里去掉几个同声字，一页里去掉几个重复字，你挖空心思，实际上痴呆至极,你明白吗?辛辛苦苦半天,为谁?是的,讲究形式,但哪个读者会心领神会,感到满意?"但另一方面,他又会突然感到异常兴奋、热血上涌,"手头活儿进展得顺利。现在写到象战,你可以相信,我像拍苍蝇一样,杀人如麻,血流成河"。[1]

是的。你这么说很有意思。其实这也是一个作家如何看待他的创作的问题。不过,我想强调的是,在福楼拜一生的大部分时间里,写作从来不是他谋生的手段。他一直靠母亲的收入过日子,拒绝世俗意义上的工作。这是福楼拜的一种姿态,对中产阶级社会的拒否的姿态。

完全是他哥哥的反面!

但反过来,这也同样造成他内心的紧张和压力,特别是在母亲过世后,如何不成为游手好闲的人且又比那些工作的人高一等?如何让自己无忧地写作?他该怎么办?我相信这些问题一直困扰着福楼拜。

从这个层面看,福楼拜有点像没落的贵族阶级,而非中产阶级家庭的孩子了。

这两个层面的冲突,可能是福楼拜在面对写作过程中那种

---

[1] 本段译文引自《不朽作家福楼拜》。

起起伏伏、动荡不安的情绪的病灶所在,也成为他在写作中反反复复修改、推敲,字斟句酌地变换形式,并大声将自己的作品喊出来的原因。

而在我,关注外形之美,是一种写作方式。只要发现句子读不通顺,用字重复,可以肯定,是陷于虚假的泥潭里了。推敲之下,必能找到确切的表达,确切的表达只有唯一的一种,同时也必定是文从字顺的。只要有意念,何患无辞。[1]

---

[1] 译文引自《不朽作家福楼拜》:一八七六年三月十四日致乔治·桑。

她觉得人生的辛酸统统盛在她的盘子里,闻到肉味●她从灵魂深处泛起一阵恶心。

二十个村庄里的包法利夫人，
或曰，包法利夫人就是我！

刚刚谈到福楼拜一生只写出了六部作品，不谈没写完的《布尔法与白居榭》，其他的作品看起来也像是完全不同的风格，两个极端。以《包法利夫人》《情感教育》为一端，是写那个时代的非常现实主义的作品。以《萨朗宝》《圣安东的诱惑》《三故事》为另一端，似乎完全超离现实，写的都是历史传奇故事，且每个故事都极具异域色彩。对于中国读者，后面这几部读起来甚至会有点晦涩难明的感觉。

这种一头扎在土里，一头又跳到天上的对称，似乎也别有意味。

这里面也体现出他的纠结和对中产阶级的仇恨。

现在读者们都知道《包法利夫人》是福楼拜发表的第一部小说，但其实在创作这部小说之前，福楼拜已经完成了《圣安东》，也就是后来《圣安东的诱惑》的前身。那时他非常激动，邀请他的两位老友杜刚和布耶到家里，急于念给他们听，并想听听两位好友的意见。

顺便一提，这里的布耶就是《包法利夫人》题献上的那个人。

然而，令福楼拜没有想到的是，两位老友给了他兜头一击，他们说:"我们认为,大作应该扔进火堆,别再提了。"当然福楼拜并不甘心,可最后听到朋友的劝告仍然是,告别浪漫主义,转向坚实的现实题材,像巴尔扎克写《贝姨》或《邦斯舅舅》那样,不要再横生枝蔓,满篇胡说了。

面对朋友的劝告,福楼拜作何反应?

他只淡淡地回复说,这可不容易,但可以试试。

这"试试"的结果就是《包法利夫人》?

没错,就是《包法利夫人》。只不过,这个主意是布耶最先提出的,是他想起了福楼拜父亲曾经的大弟子,一个未能获得博士学位的医生——欧耶纳·德拉玛的事。此人的前妻比他大很多,前妻死后他又娶了戴菲纳·库蒂利埃,这个女人年轻漂亮,但似乎有恋男癖,而且挥霍成性,最后自杀身亡,留下一个小女孩。

这个库蒂利埃简直和爱玛·包法利一模一样了。

布耶提起这个故事,其实是为了浇灭他创作类似《圣安东》这种属于历史题材,又颇具浪漫主义色彩的东西。福楼拜虽然记在了心里,但心中燃起的火怎能这么容易就被浇灭呢?

事实上，福楼拜最初对创作《包法利夫人》这部作品一直都抱有成见，因为他离自己生活的社会实在太近了，而那个社会是他非常厌恶的。面对这本"外省风俗"味颇浓，同时他自己的话说，是展现他最讨厌的"人情礼俗"情节的作品，他的抵触情绪是很大的。然而他又强制自己写了下去，甚至为此定出了写作计划。

福楼拜这种既厌恶又要严格执行，甚至有些受虐的心理非常值得研究。这也符合中产阶级社会那种受虐与施虐，隐藏与暴露的诡异辩证。

我的青年时代——不知浸泡在什么鸦片里，弄得一辈子都浑浑噩噩。我仇恨生活，这话说出，就随他去吧！是的，仇恨生活，仇恨使我想到要逆来顺受的一切。吃有吃相，穿有穿相，站有站相，等等，我都觉得烦。我三十年来一直就这样生活，固然从你的立场可以贬得一钱不值，但是不是也有个长期形成的过程。……如果我按兵不动，仍不发表作品，那是对我少时好编织桂冠的惩罚。一个人不该走他自己的路吗？我怕动，或许有我的理由。有时觉得立志写一本人情礼俗的书，本身就是错；何不任意写点抒情小品，写点掠过脑际的玄虚的呓语与怪论？[1]

---

[1] 译文引自《不朽作家福楼拜》：一八五一年十月二十一日致杜刚。

但福楼拜仍然非常努力地写下去了。而且如果读他这一时期的书信会发现，福楼拜对这个最初"本身就是错"的题材，渐渐地越写越投入，他经常会说自己脑袋热得要起火，像整天骑马后的感觉；也会告诉鲁伊斯他的笔着实驰骋了半天，从十二点半写起，一刻不停，除了不时花五分钟抽一斗烟。

而且相较于他的其他作品来说，福楼拜在写作《包法利夫人》的过程中，一边写一边对自己进行了深入的剖析，就像金庸小说里的七伤拳，练的同时，也对自己的内在产生损伤。

他写信告诉鲁伊斯，他要写几本书，让最冷淡的人看了也发情（其实指的就是《包法利夫人》）。说到爱情，福楼拜说那是他一生要去思考的大题目。他希望他可以探究人心，如同探究自己的心一样。他还说，在写作《包法利夫人》时，他感觉到一把冰冷的解剖刀探进他自己的皮肉。最后他在"解剖刀"这句话之后还补充说："在一定层次上，在市民这层次上，尽我可能，以期更具普遍性、人间性。"[1]

福楼拜在这个过程中找到了他写这本小说的靶子——"市民阶层"，也就是他成长的阶层，因而才能把太平常太普通，以致似乎不该写的东西，转换成了满腔热血的控诉之书。他原本最想写的书却不被认可，无法动笔。《包法利夫人》成为一次他和自己进行的前所未有的较量。用他自己的话说，"我写这本书，像手指上绑着铅球在弹钢琴"。

---

[1] 译文引自《不朽作家福楼拜》：一八五二年二月八日致鲁伊斯·高莱。

我现在生活在完全不同的另一个世界里,对最平淡的细节作最仔细的观察。目光俯在人类灵魂的霉点上。[1]

"目光俯在人类灵魂的霉点上",这个说法太有意思了。福楼拜将《包法利夫人》的批判意义放大到整个市民社会,也难怪他会说,虚构也有真实,"可怜的包法利夫人,就在法国二十个村庄里,同时在受苦、在哭泣"。

是否也可以从福楼拜创作《包法利夫人》的这一"先抵触后投入"的过程,来理解他的那句名言——"包法利夫人就是我"呢?

我想,这里我们可以先谈谈包法利主义(bovarysme)。

你说的是戈尔蒂耶在《包法利主义——福楼拜作品的心理描写》中所定义的那个包法利主义吗?

没错,正是这个概念。戈尔蒂耶认为,在福楼拜笔下几乎所有人物都表现出一种相似的无知、相似的朝三暮四、相似的缺乏个人反抗,这使他们听命于外界环境的暗示,缺乏来自内心的自我暗示。

比如永镇上的那些个邻居们,药剂师郝麦、练习生赖昂,

---

[1] 译文引自《不朽作家福楼拜》:一八五二年二月八日致鲁伊斯·高莱。

当然查理也要算一个。

也因此他笔下的主人公总会给自己树立一个"模式",然后去摹仿他们想变成的那个人身上所有能够摹仿的东西,摹仿外在的一切。爱玛就是这个模式的化身。

而这个"外在"对于爱玛来说,首先是她头脑中充斥着的浪漫主义文学作品里的女性人物以及她们的爱情,这来自那些她在修道院时期挑灯偷读的书。小说开头就说她读过《保尔和维吉妮》(一本法国浪漫主义作品),梦见小竹房子、黑人多明戈、小狗"忠心",特别是好心的小哥哥,情意缠绵。所以福楼拜才说爱玛寻找的是情绪,不是风景;是一种自己的欲望投影出的幻梦,而非真实。

所以,当老包法利夫人决定出面干预媳妇的行为时,她首先做的就是阻止她看小说!这意味着停止做梦!

我想福楼拜应该是看得很清楚的,他最开始对爱玛这个角色所表现出来的轻贱,恰恰在于看到了这类人物的虚幻本质,也即他最为厌恶的中产阶级虚伪的道德观与欲望观。这便是戈尔蒂耶所说的那个"包法利主义"模式——通过构建虚幻的想象来实现自己的欲望。

这种虚构出来的欲望,在爱玛写给罗道耳弗的信里也可见一斑:

每一个微笑背后都有一个厌倦的哈欠 ■

但是，她一边写，一边想到另外一个男人，那是由她热火的回忆、读过的最美的书、最强烈的欲望构成的一个模糊身影，最后，这个身影变得那么真实，那么亲近，她简直就能触摸到他，她陶醉了，然而这个身影毕竟不能纤毫毕现地呈现在她的想象中，终于像神一样，被无数的特征所湮没。

这突然让我想起《堂吉诃德》来，也许很突兀。但堂吉诃德对《阿玛迪斯》的骑士风采的着魔，不正是像爱玛对书中人物的梦着魔一样吗？只不过，堂吉诃德的那个骑士梦很远，周围的人都当他是疯子，而爱玛的梦很近，几乎她身边的每一个人都有着这样一种虚荣的欲望，前者的主人公是例外，而后者中的几乎任何人都是欲望的主体，无一例外。

如果一定要说的话，农业促进会上那个获奖的老妇人以及从外地请来的卡尼韦大夫兴许可以算"例外"：老妇人站在主席台上，面对趾高气扬的资产阶级；卡尼韦大夫的镇定自若与郝麦的大惊小怪，这两组对比是《包法利夫人》里少有的例外事件。也因此，在《包法利夫人》和《堂吉诃德》的结尾中，虽然都是主人公一命呜呼，但前者悲怆，后者则充满谐谑！

《包法利夫人》与《堂吉诃德》的区别，也让我想起《红与黑》中的雷纳尔夫人。你会发现，无论是堂吉诃德还是雷纳尔夫人，他们和他们的对立面，具有某种本质的区别。堂吉诃德与尼古拉斯理发师；雷纳尔夫人与其丈夫以及整个里维埃拉市的资产阶级,他们的对立具有原则性,使你一看就能觉察出主人公所期待的欲望和这些人的有根本的不同。但是爱玛呢?她与查理,与整个永镇的资产者之间,在欲望这个层面不存在本质的差异,如果说有,那也只是想象力的多寡所造成的,无关乎虚化的本质。这就是福楼拜说包法利夫人生活在此刻,生活在法国二十个乡村的原因。包法利夫人就像是二十五年后的雷纳尔夫人。

因此,福楼拜那句名言"包法利夫人就是我"似乎就好理解多了。在写作之初,他要和她清算,把爱玛这一资产阶级(中产阶级)欲望主体的代表置于自己的对立面,但随着创作的深入,这种对立渐渐相融,一个爱玛变成了二十个爱玛,最终"我"成了爱玛。为什么会这样?这是因为爱玛和福楼拜一样都生活在外省,爱玛的欲望也正是作者从小到大在家庭、在学校的氛围下熟极而腻的欲望,福楼拜也许想说的是,自己和他者,小说家和主人公的合而为一。

《包法利夫人》超过了我的预期。只有女人视我为"讨厌鬼"。觉得我写得太逼真了。愤慨云云,根由在此。坦白告诉你,我对这一切都无动于衷。艺术的真谛,在于自身的美,而我首重风格,其次是真实。我自认为,在描绘中产阶级风俗和生性堕落的女子这方面,已尽可能写得有文学性,并顾到体统,当然是在主题充分展示的前提下。这种题材,一之为甚,不拟再写了。我最讨厌平淡无奇;正因为讨厌,才取了这最一般最无可写的题材。

一路写下来。爪子练熟了;现在非得作别的练习了。[1]

这样的自我解剖似乎太耗心力了,就如同我们上面谈过的那样。也因此,福楼拜在创作完《包法利夫人》后很快就投入到《萨朗宝》这个异域题材的创作中。对于福楼拜来说,他其实始终不愿意写太过现实的东西,在有生之年一直和现实主义保持距离,他曾说:"请注意!近时所称的现实主义(当指左拉的自然主义),我很嫌恶,虽然评论家把我封成教主。"越是到了晚年,他越对现实的风格感到失望,有一封他写给屠格涅夫的信里曾说:"现实,依我看法,只应是跳板……这种唯实论,我看了生气……现实主义之后,又有了自然主义,印象主义。真进步得快啊!一帮骗子!"[2]

我们其实又回到那个福楼拜的对称性上了。在创作《包法利夫人》前后,他的兴趣都深深地被中东吸引,他一生中最难以忘怀的旅行也是在《圣安东》和《包法利夫人》之间的中东之行。

正如龚古尔兄弟去克鲁瓦塞的福楼拜家做客,进入他的书房,看见"书柜隔板上,散置着中东带回来的旧物,埃及绿板片护身符,箭矢,刀剑,乐器等。从室内,可见出其人、其趣

---

[1] 译文引自《不朽作家福楼拜》。
[2] 本段译文引自《不朽作家福楼拜》:一八七六年十一月致屠格涅夫。

味、其才情:他真正为之痴迷的,是辽阔的中东,在他艺术家的天性中有着野性的根底"[1]。

但我们不能简单地把这概括成一种厌弃——对中产阶级出身的厌弃。否则之后就不会有《情感教育》这部小说了。福楼拜虽然意识到了布尔乔亚的麻木愚钝和冷酷理性,以及把生活转换成商品的市侩,就像《包法利夫人》中那个放债者,但反过来,就像我们刚刚说他和爱玛合而为一一样,他又很纠结,甚至痛苦,因为他意识到爱玛的欲望在某种程度上就是他的欲望。他批判的就是他自己。

这种中产阶级的纠结与矛盾,才是我们看福楼拜以及《包法利夫人》这部小说的题眼所在。也只有理解了福楼拜的心理压力,理解了他对欲望的欲拒还迎,才能真的对他的中东题材和现实题材,对他的不婚主义与肉体享乐,对他的外省生活与巴黎经验,对以上种种的对称,有一个深入的理解。

---

[1] 译文引自《不朽作家福楼拜》:一八六三年十月二十九日。

●我只是一只文学蜥蜴,沐浴在「美」的艳阳下,舒坦地打发时光。仅此而已。

了不起的盖茨比
The Great Gatsby

第五日

■ 若无特殊说明,本日引文内容均出自菲茨杰拉德:《了不起的盖茨比》,巫宁坤译,上海译文出版社,2016年。

■或者说得更具体些,《了不起的盖茨比》就是关于贫穷的年轻男子无法和有钱姑娘结婚的故事。▲现在很多读者都把这部小说当作爱情故事去读,把盖茨比当作文学里的大情圣,其实大错特错了。●我一直以来都认为《了不起的盖茨比》是反爱情的小说,无论是盖茨比还是黛西,抑或是卡罗威、汤姆,他们最看重的只有钱。

美国梦,或曰,一门心思"搞钱"!

我记得是在一九八七年左右,那时学校安排我陪一个留学生住。那个年代来中国的留学生还不多,很多都是把住校生和留学生安排在一起,有点互相做语伴的意思。当时安排给我的是一个美国人。他的名字我现在记不得了,但我印象很深,他告诉我,他因为逃兵役,不想去越南打仗,曾经跑到加拿大变成加拿大人,后来又回来变回美国人。

记得有一次我们去北京,我陪他去美国大使馆。那时去大使馆你会收到一种小册子,就是介绍美国文化的那种。我印象很深的是,小册子一翻开有一行介绍,翻译成汉语,大致意思是:美国社会是以个人财富为标准来衡量一个人的成功的。

讲得这么赤裸和直白?

所以对当时初次接触美国文化的我来说,虽然不得其要领,但真是大受震撼。后来对美国文化了解深了,也就明白,美国以金钱作为标准衡量个人价值,其目的其实是追求一种机会均等的原则。当"五月花"号离开欧洲大陆,去向北美洲之时,在大风大浪里大家就达成了共识——到了新大陆,不搞贵族制!取消因等级位阶造成的生而不平等。但反过来,在英国或者欧洲,一个人如果有钱了,他会想着买个爵位,追求一种阶级的跃升,获得声望与荣誉的满足,这同时也是一种文化的趋性。但美国一下子取消了后者,这样一来除了钱就只剩下钱了。

这也是为什么一直以来美国虽然在经济、科技方面遥遥领先，但它的文化总给人以快餐文化的感觉。保守的欧洲人从骨子里觉得美国文化缺少精神性的东西。

所以，机会均等取消了英式贵族特权，人人都从同一起跑线上出发——这确实让原本世世代代生活在贫困里的人（农民、工人）看到了希望，也就才有了穷小子变富翁的那些传奇人物和故事：石油大王洛克菲勒、发明大王爱迪生、淘金热等。从某种程度说，美国梦其实就是致富梦。

当然我们也知道，为了使金钱成为非常正面的社会力量，美国社会也制定了相应的财富分配制度，什么二次分配、三次分配，还包括税收等。先富的人要通过种种方式（慈善、税收、俱乐部）来承担更多的社会责任。

但反过来，以机会均等的名义释放出的普通人关于富有的欲望，也得到前所未有的膨胀。这也让欧洲大陆原本以女性"嫁一个有钱且具有绅士风度的丈夫"的传统叙事，摇身一变成为穷小子追求富家千金的故事。男女人物动机的颠倒很耐人寻味。从这个背景入手，我们可以谈谈菲茨杰拉德和他的《了不起的盖茨比》这部小说。

《了不起的盖茨比》从表面上看，正好体现出了我们谈的以金钱作为衡量成功标准的美国力量。或者说，这种强大的美国力量催生出了这部小说的骨架——穷小子一门心思"搞钱"，目的是追求梦想中的富家千金。

这个骨架,似乎又和作者本人的生命经历息息相关。毕竟,在菲茨杰拉德的小说里,这个穷小子追求富家千金的模式一而再再而三地出现(《夜色温柔》里的迪克·戴弗,《人间天堂》里的埃默里·布莱恩,以及咱们"了不起的盖茨比先生")。他自己也曾说,之所以不断重复这个主题是"因为我经历过",并声言,"我创造的所有人物都是菲茨杰拉德,甚至我的女性角色都是女性化的菲茨杰拉德"[1]。我们不妨将盖茨比和菲茨杰拉德这二者——角色与人物——穿梭着来谈谈。

这个角度很有意思。我们可以先看看他们的出身。盖茨比和菲茨杰拉德都来自美国中西部。前者在小说中虽然对他的家庭一直讳莫如深,但当盖茨比被枪杀的第三天,小说的叙事者卡罗威收到了一封来自明尼苏达州一个小城镇的电报,署名亨利·C.盖兹。后来我们知道此人正是盖茨比的父亲。而菲茨杰拉德的父母正是生活在明尼苏达州的圣保罗,一个天主教教徒聚居的小城市。

在小说中,菲茨杰拉德借卡罗威之口,唤起过一次对故乡圣保罗的怀旧之情:

这就是我的中西部——没有小麦,没有大草原,也不是让人迷失的瑞典小镇;我青春的火车驶回,让人兴奋,是街灯,

---

[1] 译文引自菲茨杰拉德:《崩溃》,黄昱宁、包慧怡译,上海译文出版社,2016年(以下简称《崩溃》)。

是严寒黑夜里的雪橇铃声,是窗户里的灯光投射到雪地上的冬青花环的阴影。我就是其中一分子,那些漫长的寒冬让我感到沉重,在卡罗威家长大让我感到有些得意,卡罗威家所居住的城市里,几十年来,人们以姓氏互相打招呼。

怀旧归怀旧,小说中的盖兹先生似乎并不出众,也没有赢得读者多少同情,只是闪了一下就消失了。菲茨杰拉德对他的描写使这位父亲显得非常无知,且因对儿子取得的物质成就充满自豪而体现出赤裸裸的拜金主义。这个形象似乎和菲茨杰拉德自己对父亲的感情并不完全相符。但作为社会里的失败者形象——爱德华·菲茨杰拉德因做生意失败了两次,靠妻子的收入生活,小菲茨杰拉德从小就熟知父亲的失败故事——爱德华·菲茨杰拉德和盖兹先生的气质还是有相似之处的,特别是这两位父亲都因儿子所取得的社会成就而感到分外自豪。反过来,小说中却没有写过儿子如何看待他们的父亲。但菲茨杰拉德曾说,"七十年代,他事业的开端非常了不起,可此后他的人生就是一场'失败'——他永远生活在我母亲的阴影之下,我取得的任何成功,他都仿佛是自己取得了成功一样,感受到巨大的喜悦"[1]。

这和盖兹先生如出一辙。

---

[1] 译文引自斯科特·唐纳森:《爱中痴儿:菲茨杰拉德传》,许若青译,黑龙江教育出版社,2017年。

如果打算爱一个人▲你要想清楚,是否愿意为了他■放弃如上帝般自由的心灵●从此心甘情愿有了羁绊。

这种出身来路的一致肯定不是巧合。这也不得不让人觉得菲茨杰拉德将自身的某一部分投射在了盖茨比身上。接着我们自然就会进一步追问,是哪一部分呢?

你记得小说最后,卡罗威和盖兹先生的一段对话吗?

"盖兹先生,我以为您也要把遗体运到西部去。"
他摇了摇头。
"杰米一向喜欢待在东部。他是在东部上升到他这个地位的……"

对东部的向往和在东部上升的地位,似乎就是"那一部分"——也就是美国梦的部分。而关于这梦,我们还需要先说说菲茨杰拉德的母亲——莫莉·麦奎伦。我们看他的作品,其中母亲的形象似乎比父亲的形象更要晦暗难明。在《了不起的盖茨比》这部小说中,干脆就没有母亲的形象。而在《夜色温柔》中,罗斯玛丽的妈妈似乎太有城府且控制欲极强,很难让人喜爱。也许我们可以说这是菲茨杰拉德一种欲盖弥彰的手法,相比于父亲的失败,母亲在家庭中的支柱作用和她对菲茨杰拉德的影响(或者说阴影)在他的心里烙得更深,以致他长大后无法轻易提及。

这个影响就是"美国梦"?

或者说是向有钱人看齐!相比于菲茨杰拉德父亲这边的失

败,他的母亲似乎更具雄心。而这雄心某种程度上来自母亲一方的家庭。她是最早一批从爱尔兰来美国的移民后裔(用菲茨杰拉德的话说是,一八五〇年土豆荒下的爱尔兰饥民)。菲茨杰拉德的外祖父后来在美国经营食品批发生意发家,成为圣保罗市食品贸易的拓荒人之一。他的家族神话里本身就带有"白手起家的美国梦基因"。然而,当母亲婚姻失败,家庭趋于没落后,她不得不将跻身更上流社会的愿望寄托在儿子菲茨杰拉德身上。

怪不得菲茨杰拉德曾说,美国孩子都属于母亲的家族。他一生似乎都对自己的"黑色"爱尔兰血统极为敏感,也因为这个原因,当他读到詹姆斯·乔伊斯的《尤利西斯》时感到非常难受,因为乔伊斯在书中描绘的爱尔兰中产阶级,充满了沉闷的痛苦。他甚至就此写信给朋友,他说"我祖先中有一半都来自爱尔兰的中产阶级,或者更低的阶层。那本书让我毛骨悚然,就好像自己被扒光一样"[1]。

而且在我们看到他关于家乡圣保罗的回忆中,总能感觉到一种强烈的社会等级意识,他总在强调圣保罗是三代人共同生活的城市,不同于当时的很多美国城市,一般只有两代人定居。

最顶端人群的祖父母来自东部,随之带来些重要的东西,这就是金钱和文化残遗;之后白手起家的富裕商人大家庭进驻

---

[1] 译文引自《崩溃》。

这里,六七十年代的"老辈移民"互相鄙夷,美国人—英格兰人—苏格兰人,或者德国人,或者爱尔兰人……依次相互鄙视。此后,来了一群衣食无忧的"新人类"——他们非常神秘,过往经历扑朔迷离,很有可能劣迹斑斑。如同许多其他社会等级结构一样,金钱和战争的洪流奔腾翻滚,它并未能幸免于难。[1]

话又说回来,真正上流社会的人往往不会有这么强的等级观念。恰恰因为对自身阶层的自卑情结,才对等级鸿沟如此刻骨铭心。在菲茨杰拉德的小说里,你会感到男主人公的内心往往是细腻、敏感但同时也是自卑的。

据说菲茨杰拉德小时候说出的第一个字是"上"。他父亲的失败和母亲家族曾经的声望,一定让他从小陷入一种深深的苦恼中。一方面鄙视父亲的无能,另一方面又对母亲的趋炎附势感到厌恶。但这个"上"字又多么讽刺地证明,在小菲茨杰拉德的生命中,追求成功是某种骨子里的印记,他想抹也抹不掉。而他在成功后要摆脱的就是父母那种地位的滑动所带来的不安全、不稳定,这也让菲茨杰拉德对自身来自中产阶级家庭充满嫌弃。等到他后来成名,谈到中产阶级家庭时,他说如果不能和富人们住在一起,他的下一个选择就是成为穷人。任何情况都比不稳定的中产阶级强。从中产阶级之中的上层起跳,他还是无法完成向上的最后一跳。

---

[1] 译文引自《崩溃》。

向社会更高阶层流动是所有中产阶级难以释怀的目标,在这个阶级范围内,像菲茨杰拉德母亲这样的人大有人在。菲茨杰拉德缺乏家世背景的依靠,却因此携带着强烈的社会身份和自我意识,这让他焦虑不已。想要凭借自己实现跃升,那种不安全感和一个人在战斗的孤绝是很深刻的。想想盖茨比在夜深人静时,站在窗前望着黛西家那边岛上的绿色灯光的身影。我想,当菲茨杰拉德写那个场景时,一定心有戚戚焉。

但反过来,说句题外话,这类人也很容易瞧不起比他更低的阶层或者种族。菲茨杰拉德对犹太人往往充满敌意,认为他们势利贪婪、斤斤计较。想想《了不起的盖茨比》里和盖茨比做生意的沃尔夫山姆就可见一斑。他似乎只对赚钱感兴趣,鼻毛旺盛,无视任何的道德和法律。当合作伙伴死去,他拒绝参加盖茨比的葬礼,原因竟只是冷冰冰的"我不能来……凡是有人被杀害,我总不愿意有任何牵连"。

菲茨杰拉德和盖茨比的归宿最终只能是东部,除去那里没有过于强烈的等级观念束缚他们外,也许到东部去,最重要的原因只是因为那里更好"搞钱"。

我年纪还轻,阅历不深的时候,我父亲教导过我一句话,我至今还念念不忘。"每逢你想要批评任何人的时候,"他对我说,"你就记住,这个世界上所有的人,并不是个个都有过你拥有的那些优越条件。"

纽约,纽约,或曰,挥金如土的爱情!

关于东部,其实在菲茨杰拉德的心里,一直存在两个意象,在他有名的那篇文章《我遗失的城市》的开头他写道:

> 最初的一幕是黎明时分,摆渡船静静地从泽西海岸驶来——那一刻在我心中结晶成纽约的第一个象征。五年之后,十五岁的我从学校跑到这座城市,就为了看看《贵格会少女》里的艾娜·克莱尔和《忧伤小男孩》里的格特鲁德·布莱恩,我对她们的爱无望而忧伤,这爱搅得我六神无主,没法从她们里头挑出一个来——于是她们就融合成了一个美妙的整体,少女。它是我心目中纽约的第二个象征。摆渡船代表成功,少女代表浪漫。[1]

这里吸引我的是菲茨杰拉德将成功(有钱)和少女(爱情)并峙在东部的代表城市——纽约里。而钱和爱情,也是《了不起的盖茨比》的核心主题。

或者说得更具体些,《了不起的盖茨比》就是关于贫穷的年轻男子无法和有钱姑娘结婚的故事。现在很多读者都把这部小说当作爱情故事去读,把盖茨比当作文学里的大情圣,其实大错特错了。我一直以来都认为《了不起的盖茨比》是反爱情的小说,

---

[1] 译文引自《崩溃》。

无论是盖茨比还是黛西,抑或是卡罗威、汤姆,他们最看重的只有钱。虽然菲茨杰拉德自己曾说,世间万物,不是爱情就是金钱,再没有什么比它们更有意义了。但爱情相较于金钱,后者起码在《了不起的盖茨比》这部小说中的位置更为核心。

这里我想举个小说中的例子。小说中盖茨比和黛西的重逢足足铺垫了四章的内容,到第五章才实现,而小说一共才九章。在第五章之前,读者一步步靠近暴风眼,隐隐感觉到爱情蠢蠢欲动的心跳,可谓被吊足了胃口。但这爱情似乎一见面就"破功"了。就像孔雀开屏,哗啦一下打开,但随着它一点点转向后面,露出屁股,光鲜艳丽便倏忽消失。

你记得书中当盖茨比和黛西时隔五年第一次在小说里重逢的情节吗?

"我们多年不见了。"黛西说,她的声音尽可能地平板。
"到十一月整整五年。"
盖茨比脱口而出的回答至少让我们大家又愣了一分钟。

为什么大家都"愣"了,因为那个"居然等了五年,又买了一座大厦,在那里把星光施与来来往往的飞蛾——为的是在哪个下午可以到一个陌生人的花园里'坐一坐'"(卡罗威语)的大情圣,突然如此冷静,如此量化他们的分离,和前面四章的"疯狂"形成强烈反差。反过来,我们看黛西,用"尽可能地平板"的声音说出"多年不见了",这里面完全感情用事的反应(无论她是哪种感情)。他们的第一次交锋已经显示出两个人

● 他居然等了五年,又买了一座大厦,在那里把星光施与来来往往的飞蛾——为的是在哪个下午可以到一个陌生人的花园里「坐一坐」。▲

并不在同一"频道"上,两人之间其实没有很好的呼应,或者说爱的电波。

但这么说似乎对盖茨比不太公平。黛西在两人见面前对这次重逢一无所知,而盖茨比其实是计划已久的。我觉得也许恰恰是这种如履薄冰的计划,让他在真正与黛西见面的那一刻表现出了过分的理智。因为他怕搞砸了。

没错。他确实是怕搞砸了。但你注意,他怕搞砸的到底是什么?是破镜重圆的情,还是伪装起来的"钱"呢?当盖茨比带着黛西参观他的豪宅时,有一个细节非常精彩,比如盖茨比向她展示自己的衬衫。

他拿出一堆衬衫,开始一件一件扔在我们面前,薄麻布衬衫、厚绸衬衫、细法兰绒衬衫都抖散了,五颜六色摆满了一桌。我们欣赏着的时候,他又继续抱来其他的,那个柔软贵重的衬衣堆越来越高——条子衬衫、花纹衬衫、方格衬衫,珊瑚色的、苹果绿的、浅紫色的、淡橘色的,还有上面绣着深蓝色的他的姓名的交织字母。突然之间,黛西发出了很不自然的声音,一下把头埋进衬衫堆里,号啕大哭起来。

"这些衬衫这么美,"她呜咽地说,声音在厚厚的衣堆里闷哑了,"我看了伤心,因为我从来没见过这么——这么美的衬衫。"

这个场景多么做作、矫情啊。

试问如果两个久别重逢且曾经你侬我侬的爱侣，会在刚刚见面的几小时里细数自己的衬衫以及为这么多、这么美的衬衫而哭泣吗？这不是很滑稽吗？小说第五章里类似的细节不胜枚举。细细品味你就会觉得，盖茨比的目的是将黛西给围住，用他曾作为一个中西部穷小子无法高攀富家千金所缺乏的钱，证明他和黛西现在是平等的了，甚至比黛西有过之而无不及。这一点真相，在后来他向卡罗威暗诉心曲的时候表露无遗：盖茨比深切体会到财富怎么禁锢和保存青春与神秘，体会到一套套衣装怎样使人保持清新，体会到黛西像白银一样皎皎发光，安然高踞于穷苦人激烈的生存斗争之上。

反过来，在这场初次见面的情节里，黛西的反应也真没让我们的男主角失望。我觉得黛西一直以来都让读者失望。我在读小说的时候，觉得黛西是个轻浮的姑娘。记得她第一次出场时，菲茨杰拉德用了一个意象来比喻她——悬浮在空中的气球。她当时和贝克小姐坐在超级大沙发上，"活像浮在一个停泊在地面的大气球上。她们俩都身穿白衣，衣裙在风中飘荡，好像她们乘气球绕着房子飞了一圈刚被风吹回来似的"。这个感觉是非常虚浮的，那种浮华感，就像我们看到很多那时好莱坞电影里的画面，充满了金钱的气味。盖茨比后来有一次突然对卡罗威说，"她的声音充满了金钱"。

你的感觉很准。

另外就是黛西说出的话总是很空洞，且非常浮夸，并且带有挑逗的意味。当卡罗威打电话给她，约她下午来家里一起喝下午茶的时候，她当作完成任务一样来和他见面。

"别带汤姆来。"我警告她。
"什么？"
"别带汤姆来。"
"谁是'汤姆'？"她装傻地问道。

而当她一到他住的地方，就问："你千真万确是住在这儿吗，我最亲爱的人儿？"然后在他耳边低语，"你是爱上我了吗"，"要不然为什么我非得一个人来呢？"

黛西其实就是菲茨杰拉德口中的黄金女孩，他自己年轻的时候就曾有过这样的爱恋——对芝加哥的富家千金吉妮弗拉。这些女孩的话语总是很空洞，以及言辞中的调情意味似乎是一种职业病，会不自觉地流露出来。上面我们提到她对衬衫的反应，那种滑稽的夸张也很典型。正如她自己对尼克（卡罗威）所说，她能在喉咙里玩弄千万种伎俩。

黛西的世故，盖茨比清楚地知道，恰恰就是因为知道，所以才以如此大张旗鼓、纸醉金迷、挥金如土的方式去围剿这个女人。这也就是为什么当第一次见面接近尾声时，作为旁观者的卡罗威，从盖茨比的身上看到了某种失望、惶惑，而非大功告成的兴奋。

我走过去告辞的时候，我看到那种惶惑的表情又出现在盖茨比脸上，仿佛他有点怀疑他眼下的幸福。几乎五年了！那天下午一定有过一些时刻，黛西远不如他的梦想——并不是由于她本人的过错，而是由于他的梦幻有巨大的活力。

这也是盖茨比的悲剧所在，因为世故的人往往懦弱。调情也好，流泪也罢，对于她们都是一种姿态，而非情感。在盖茨比如此强烈，充满巨大活力的爱意和富足的生活面前，黛西才被稍稍动摇了一点，但在小说的高潮，那场三人对峙的戏份中，盖茨比决心要让姿态落实为行动。黛西第一次有了被逼到墙角的感觉——"啊，你的要求过分了！""我现在爱你——难道这还不够吗？过去的事我没法挽回。"——黛西很为难，她拒绝行动。而当汤姆进一步揭穿盖茨比的财富都是违法贩卖私酒所得，把他从有钱人打回穷小子暴发户时，黛西毫不犹豫地迅速撤退了。

书中的那段情节给我的最大启示也许是，当爱情超越阶级界限的距离太大时，也许就会变成某种人格侮辱。这场三人对峙的戏真是让人印象很深。最戳心的地方在于，你不得不承认，小说中唯一流露出爱情的真实面貌的场景，竟然不是黛西和盖茨比，而是黛西和汤姆。我无数次想象自己如果站在当中，如果我就是盖茨比，那种巨大的挫败和被侮辱的感觉，大概一辈子也忘不了——当盖茨比鼓动黛西向汤姆坦白,她从来没有爱过他时,黛西感到不知所措,先是茫然地说:"是啊——我怎么会爱他——怎么可能呢?"但盖茨比不满足,胜利就在前方,他要的是直击命门,一句斩钉截铁的"你从来没有爱过他"。可黛西犹豫了,这时汤姆突然质问:"在凯皮奥兰尼时也没有爱过吗?""那天我把你从'甜酒钵'上抱下来,不让你鞋子沾湿,你也不爱我吗?"此时的盖茨比,已经知道自己败了。汤姆和黛西在小说中一直都是被鄙视的有钱的冷血阶层,他们却在这一刻乍现了真情,哪怕只有一点点,却是在这本被认为是爱情小说的故事里唯一的一处。而反过来,盖茨比那看似刻骨铭心的追求就显得有些虚张声势了。

但正如你所说,我们又不能不在这个场景中为盖茨比难受。并不是简单的追求爱情失败的难受,而是一种即使再努力去成就一种平等,到头来还是被打回原形的屈辱。

菲茨杰拉德部分地将自己的经历投射到盖茨比身上,那是他十几二十岁时对芝加哥黄金女孩的追求,那也是他的家庭出身灌输给他的对于财富、幸福的幻想。说句题外话,菲茨杰拉德后来的妻子泽尔达,虽没有黛西或者现实中吉妮弗拉那么有钱,但也是一朵交际花。他们的婚姻本身是无法修成正果的,因为当时菲茨杰拉德没有稳定的收入,在纽约浑浑噩噩。直到他发表了第一本长篇小说《人间天堂》,一举成名,收入和名望双丰收,他们的爱情才正式步入婚姻殿堂。他们虽然真的相爱,但物质基础的压力一直以来都是压在菲茨杰拉德心上的大石头,并且他也一直在尽力使自己能够达到"有钱"的目标,达到他心目中"黄金女孩"的高度。

但这样的自卑感,无论是否达到那个高度,都很难被抹去。甚至如盖茨比一样,越是靠近,越是变得失去理智,变得屈辱。我记得他后来在《崩溃》里有些近乎忏悔式地提到那时的心情,令人触目惊心的是,菲茨杰拉德将娶到泽尔达定义为一个"农民的复仇"。

一年以后,那个在口袋里叮当作响地揣满钞票、终于把那个姑娘娶到手的人,毕生都将对有闲阶级怀着难以磨灭的怀疑和憎恶——那并不是革命家的信仰,而是那种潜伏在农民心里的仇恨。[1]

后来为了女儿斯科蒂能够上到好学校,类似我们所谓名牌大学或者国际学校,他也是不遗余力。包括在巴黎时,他努力让自己看起来像有钱人,给小费常常超过一餐饭钱,有一次在比他更有钱的人面前,他甚至嚼碎了一张100法郎的支票。

盖茨比和菲茨杰拉德在挥金如土方面是很像的,他们其实是在模仿富人,通过模仿达到那种左右逢源和温文尔雅。

但作为作家,他似乎还保留了理智的一面,否则就不会有

---

[1] 译文引自《崩溃》。

尼克·卡罗威这个人物了。尼克这个人物在小说中像夹心饼干的心——可上可下，作为同样来自中西部的男孩，他和菲茨杰拉德一样属于中产阶级，而非完全的穷小子。他头脑清晰，作为中间层，一方面俯视盖茨比，一方面仰视汤姆和黛西家。但无论是俯是仰，他所拥有的都绝非单一的情感，而是夹杂了鄙视与羡慕、同情与反对的复杂心情。

在这本小说里，尼克的视角，或者说小说叙述者的视角起到了关键作用。这个视角就是中产阶级的视角。我们前面说，菲茨杰拉德鄙视、厌弃中产阶级，但人是无法完全摆脱他的出身的。菲茨杰拉德发现，只有在这个阶层的视角下，他才能够真的把"金钱"作为焦点来展现，也才能够真的看清上与下之间的关系。把尼克放在中间，让他看到盖茨比（下）与黛西（上）之间试图跨越阶层的悲剧。其实小说中还有一对这样的对比，即汤姆与茉特尔，汤姆·布坎农对茉特尔的残忍无情，以及茉特尔在小说开头想要模仿上流社会的行为，两人的那种疯癫与肮脏，又是一个悲剧的典型形态。另外，尼克之所以能够混迹其间，也和爵士时代那种"不必担心钱的问题，因为你周围的人都在挥金如土"（《爵士时代的回声》）有关，否则他可能连酒会的门都找不到。

这一切，尼克这个中间人都看在眼里且心有所悟。他到头来才发现，这个故事是一个西部故事——汤姆和盖茨比、黛西、乔丹和他，都是西部人，他们也许具有什么共同的缺陷使他们无形中不能适应东部的生活。同样地，菲茨杰拉德自己也是一个西部人。尼克的清醒，某种程度上帮助菲茨杰拉德从盖茨比的梦中抽离。同时，尼克作为"同乡"，也是菲茨杰拉德在小说中创造的唯一一位对盖茨比抱有同情的人（也可说是对另一个自我的同情），即使在尼克心中，盖茨比所追求的或者说所代表的一切，都是他"自然而然所鄙视的"。比如那段汤姆、斯隆先生以及一位女性朋友到访盖茨比宅邸的情节，盖茨比表现出了极大的热情欢迎他们，并丝毫察觉不出他们这些人并不喜欢他，进而将那位女士礼貌性的邀请当真，可当他兴冲冲换好衣服下楼的时候，人家三位早已扬长而去了。尼克对这种露骨的想要讨好富人的表现充满厌恶。

但在小说的最后，他还是对盖茨比说，"他们是一帮混蛋"，"他们那一大帮子都放在一堆还比不上你"。因为尼克领悟到那个梦（虽然不见得赞同）：一个中西部男孩走入东部的粉红色镀金的世界，幻想着金钱和女孩的梦，是毫不虚伪的，是真挚的。

● 再多的激情或活力都赶不上一个人阴凄凄的心里所能聚集的情思。

禁酒令，或曰，一醉方休！

菲茨杰拉德的女儿斯科蒂曾说，金钱和酒精是她父亲一生中对抗的"两个最重要的对手"。她甚至曾建议菲茨杰拉德做一项有关酗酒的测试。题目一：酒精对人的生活是否会造成损坏性结果？题目二：喝酒的时候，人的性情是否会改变？斯科蒂相信，她的父亲一定都会给出肯定的答案。前面我们一直在谈金钱，现在来聊聊酒。事实上，对《了不起的盖茨比》这部小说来说，金钱如果是它的明线，那么酒则是一条暗线。

其实很多研究都指出，美国酗酒的作家非常多。在美国七位诺贝尔文学奖得主中，辛克莱·路易斯、尤金·奥尼尔还有威廉·福克纳都有酗酒的习惯，另外还有两位也是酒瘾颇大的主：欧内斯特·海明威和约翰·斯坦贝克。

这里面是否有深层次的原因呢？

虽然说法和结论很多，但似乎莫衷一是。不过有一点与我们今天谈论的内容相符，即认为美国的作家负担着过重的包袱，因为他们的社会有以美金衡量成绩的文化，在很长一段时间里都视作家为异类。因此作家在追求成功，渴望地位、名誉的过程中，钱其实是非常重要的因素。这不同于中国，或者说不同于我们传统观念所认为的文人往往清高，不食人间烟火。菲茨杰拉德是一个典型的代表，如果不是他出版了第一部小说，挣到了钱,他无法那么顺利地娶到泽尔达。在这种双重压力下,美国的作家往往通过喝酒来麻痹自己,实现某种超脱。概括地看,其实还是喝酒和挣钱的辩证法。

在他的小说里,酒作为一个元素似乎非常普遍。记得听到过一种说法,菲茨杰拉德的小说如果缺了酒,就像巴尔扎克的小说没了票据一样。而他常常怀念的那个爵士时代,却恰恰是美国历史上有名的禁酒时代。

也是《了不起的盖茨比》这部小说诞生的时代。

《了不起的盖茨比》正式出版的时间是一九二五年四月。美国的禁酒令颁布在一九一九年,即联邦宪法修正案第十八条——《禁酒法案》,一直到一九三三年才告废止。这部小说以"大私酒贩子"盖茨比作为"了不起"的主角,真可谓"顶风作案"了。

这里其实涉及美国文化上的一个关键时期,菲茨杰拉德称之为"爵士时代",我们不妨把它叫做"禁酒令时代"。小说中其实一直都不曾直接点明盖茨比的真实身份,都是通过侧面描写,借他人之口传播流言蜚语。

有人说他是德国皇帝威廉的侄子;也有人说他是第一次世界大战德国元帅兴登堡的侄子;也有人说他是间谍,还杀过人。

只有后来盖茨比试图和卡罗威推心置腹换取他的帮助时，才告诉他"我是中西部一个有钱人家的儿子——家里人都死了。我是在美国长大的，可是在牛津受的教育，因为我家祖祖辈辈都是在牛津受教育的。这是个家庭传统。……我家里人都死光了，因此我继承了很多钱"。然而，不久后，随着黛西的进入，他逐步乱了阵脚，卡罗威几次发现了破绽。

这种遮遮掩掩本身，也说明他干的是见不得人的勾当，也为后来被汤姆当众揭穿，把他打回原形，失去黛西，埋下深深的伏笔。

其实小说中不断出现的"接电话"情节也是一个破绽。他的管家总是突然出现，说是芝加哥、底特律、费城有电话。在那个年代，这三座城市正是美国从英国、欧洲大陆、加拿大入境和转运私酒的交易中心，人们通过这三个地方，再将酒偷运到类似"药店"和"加油站"的地方进行秘密售卖。这也就是为什么盖茨比要对黛西说他是开药店的。

另外，"灰堆"的加油站会让人觉得别有深意。

这也让我想起有一次盖茨比和尼克驾车去纽约，因违反交通规则被一名交警拦下，警察原本气急败坏，可盖茨比从钱包里掏出一张白色卡片给警察，警察立即用手碰了一下帽檐致意说："行了，您哪……下次就认识您啦，盖茨比先生。请原谅我！"当卡罗威充满惊讶地问他怎么回事时,盖茨比遮遮掩掩地解释说:"我给警察局长帮过一次忙,因此他每年都给我寄一张圣诞贺片。"凡此种种,都让人觉得有一张神秘的关系网存在,且无孔不入。

问题来了,菲茨杰拉德为什么要让他的主人公成为一个非法之徒,并且还要给他冠以"了不起"(great)的定语呢?这不是和当局对着干吗!

从严格意义上说,禁酒运动是一场道德清洁运动,是以美国当时的保守一方——清教徒为代表,反对移民和其他种族和宗教教徒的运动,且将道德问题法律化。后者在当时主要是爱尔兰人、犹太人和意大利人,以及天主教、犹太教等宗教信徒。

菲茨杰拉德刚好就是爱尔兰裔的移民后代。在二十世纪二十年代,他和许多艺术家还一起联名签署了一项请愿书,反对《禁酒法案》。

表面上看,清教徒们反对的是喝酒,其实本质上是提倡清教主义下的禁欲观,要求加强道德以节制人的欲望。我们都知道马克斯·韦伯著名的《新教伦理与资本主义精神》里的分析,但彼时的美国社会已经从筚路蓝缕的创业积累期,成长为消费刺激再生存的消费社会。清教道德节制欲望,反而造成了生存过剩而消费不足,最终导致经济发展出现问题。一九二九年的大萧条便是一次爆发,后来罗斯福新政、凯恩斯主义才开始为美国社会松绑。在《禁酒法案》的基础上,当时美国社会便生成了一种虚伪的道德二元论。

从这个角度我们再来看盖茨比,他是私酒贩子,但菲茨杰拉德却隐写这一层,还着重强调他不喝酒以及他绅士的一面。反过来,那些表面道貌岸然的家伙,却是每晚光顾他酒会的座上宾,每个人都想一醉方休,不醉不归。

无形中,菲茨杰拉德模糊了清教徒基督教道德的这种泾渭分明。禁酒运动本身是基督教道德观以酒的名义向其他一切生活方式和信仰的围剿,作为小说家的菲茨杰拉德却不去争论喝与不喝这个问题,而是直接从"道德"本身出发,制造了盖茨比这样一个暧昧的人物,他滴酒不沾但贩酒,他是穷小子但道德上似乎比大多数有钱人来得更没有污点。

但话说回来,不同于盖茨比,菲茨杰拉德经常酗酒。他自己也意识到酒对他的大脑,特别是记忆力,以及和家人、朋友们的关系都是巨大的损害(泽尔达后来长期住进了精神病院)。到了二十世纪三十年代,他干脆随身携带一张酒精损害人体各个器官的照片,以随时提醒自己不要喝酒。

相比于《了不起的盖茨比》这部他在二十年代"禁酒令"时期的创作,后期菲茨杰拉德作品里的酒就显得越发负面了。例如,在他的名篇《重返巴比伦》里,忏悔的父亲想要重新获得女儿的抚养权,重新回到曾经狂歌纵饮的巴黎。就是因为酒,才让他失去了自己的妻子和女儿。从某种程度上说,这也是菲茨杰拉德的一部分自传。

印度之行
A Passage to India

■若无特殊说明,本日引文内容均出自E. M. 福斯特:《印度之行》,冯涛译,上海译文出版社,2016年。

■但你要知道,在福斯特的一生中,全世界对同性之恋始终存在着严重的偏见。▲在福斯特才十六岁时,奥斯卡·王尔德这个风流成性的文人便因此入狱,在当时身败名裂。二战结束后,美国的非美活动调查委员会以"冷战"政治对抗的名义,开展"薰衣草恐慌"行动,目的是彻底根除社会上存在的同性恋者。●这也就不难想象福斯特的遗作《莫瑞斯》——也许是世界上第一部同性恋小说——只能在他死后出版了。

去印度，或曰，成为英国人！

梁老师，记得简·奥斯丁有一个法国表姐伊莱扎。伊莱扎的法国背景和她传奇的异域经历为简·奥斯丁——这个一辈子从未出过国的女人——带来了无限的畅想空间。今天我们要谈《印度之行》，又让我想起了伊莱扎，因为伊莱扎名义上的"继父"——沃伦·黑斯廷斯（Warren Hastings, 1732—1818）在一七七三年至一七八五年担任印度总督，也是英国驻印度的第一任总督。或许我们可以这么说，所有的"印度之行"都是始于黑斯廷斯的年代。

你从这里起头谈《印度之行》这部作品，我觉得非常有意思。一下子把时间倒推了将近一百五十年。我没记错的话，《印度之行》出版于一九二四年。实际上，十八世纪末到整个十九世纪是我们今天所谓"大英帝国"真正形成的时期。英国人在简·奥斯丁的时代，大都还只是从他人嘴里听到"印度"；到E. M. 福斯特那时，年轻人把去印度作为一条重要的就业出路。这一百多年的历史，也是英国人民族性格形成的重要时期。

弗吉尼亚·吴尔夫的丈夫伦纳德·吴尔夫就曾长期在印度任职。还有约翰·凯恩斯也曾在印度工作过。事实上，福斯特的剑桥圈子以及布卢姆斯伯里团体里的很多人，都与印度有着千丝万缕的关系。福斯特的第二次印度之行，是去做一个印度小邦国君主图克吉·劳三世的秘书。而这个君主据说和福斯特是同一天生日,虽然他们之间相差九岁。

可以看到,去印度在当时是个大趋势,这么多年轻人(当时的应届毕业生)都选择去印度就业。这里就延伸出一个问题来,为什么在十八世纪末之后,特别是从十九世纪中期开始,印度相较于世界其他地方的英国殖民地,变得越发重要?刚刚你说到简·奥斯丁,在她的作品中,"海外"作为一个概念更多的是指代一种财产的来源,而那时比印度更为重要的地方是西印度群岛,包括古巴、厄瓜多尔、墨西哥这类地方。

这一点从《曼斯菲尔德庄园》里那个突然从牙买加回来的托马斯爵士身上可以看出,以及萨克雷《名利场》中殷实的英国商人也是如此,他处心积虑地想让他的儿子把出身西印度群岛、拥有黑人血统的富家女斯沃尔茨小姐娶进家门,做他的儿媳妇。"海外"在那时确实多指美洲新大陆地区。

没错。所以"去印度",对于英国人来说是有特殊的历史脉络在里面的。沃伦·黑斯廷斯在一七七三年至一七八五年期间担任印度总督,在那前后刚好是美国"独立战争"的时期,英国在美洲新大陆的权力开始逐步丧失,走向衰落(特别是原材料供应和商品市场受到巨大的冲击)。独立战争后,美国开始有计划地实施贸易保护主义,对别国加征关税,以保护自己的民族企业。

那时美国就开始打"贸易战"了?!

是的,我认为美国其实一直以来都是一个趋向于内,而非向外的国家,看清它的历史对于我们理解当下的一些问题也有一定的启发(特别是对它后来成为世界警察的角色的理解)。在当时,美国把眼光放在自己的疆域内,通过美国内战以及"西部大开发"实现了自己国家的资源整合和立国需求。而对于英国而言,它的成功本质在于自由贸易策略,由于本土面积和人口有限,它只能通过殖民地来实现本国经济的持续增长。这时,新大陆的丧失使它不得不把眼光从大西洋转移到太平洋。黑斯廷斯在就任印度总督前是英国东印度公司的负责人,你看,政治和贸易在英国的殖民统治中一直就是一体两面的。也正因如此,我们看到的在简·奥斯丁之后的英国小说中的"英国人"形象,其实是伴随着英国的这种殖民贸易、自由贸易的发展而逐步形成的。

记得当时的欧洲大陆也开始对英国关上大门。一八〇六年和一八〇七年,欧洲大陆分别颁布了《柏林敕令》和《米兰敕令》,二者限制了英国原材料的进口(特别是原棉等),加上后续(一八一二年)与美国的危机,英国不得不进行战略转移。此时印度就变成了"天选之子"。我们刚刚提到黑斯廷斯与东印度公司,在十九世纪之前,这个以国家之名行贸易之实的股份公司,在印度是有绝对垄断权的,权力与财富是一体两面的整体,只有像黑斯廷斯这样地位煊赫的人物,才能成为简·奥斯丁心目中传奇的象征。但当上述危机爆发后，英国的自由贸易体系受到了严重冲击。该怎么弥补呢？于是在一八一三年，英国就废除了东印度公司在印度的贸易垄断权。用意大利理论家阿瑞奇的话说，英国以此来"扩大就业以及维护制造业人口的宁静"。其实就是让更多的英国人能够参与到挖掘印度这座"金矿"的生意中来。英国可以向印度转嫁自我调节市场的破坏性后果以缓和它们对英国的冲击；同时，英国在印度制造的混乱局面，也解放了大批剩余劳动力、自然和财力资源，为英国在世界范围内获得生活、积累以及保护手段方面提供了一种特殊的自由选择。

从这个角度，我们也就不难看出印度对十九世纪的大英帝国来说是何等的重要了。而"去印度"也就理所当然地成为那时英国人的不二选择。

英国的自由贸易，一直以来坚持三条经典的原则：第一，劳动力应在市场上找到它的价值。第二，金钱的创造应受到自动机制的约束。第三，货物应毫无阻碍或毫无选择地在国与国之间自由流动。那时的英国人，正是在这样一个由他们的国家主导的体系里自由流动，从而形塑了我们这里谈到的"英国性格"，而早个十几年的简·奥斯丁们是没有的，因为她们还不存在"流动"的问题，那时只有自我发现——汤姆·琼斯式的自我发现。

我们这里就可以看看《印度之行》里女主角奎斯蒂德与罗尼之间的一段很有趣，也很重要的对话。

● 除了二十英里外的马拉巴尔石窟之外，昌德拉布尔城实在是乏善可陈▲

是那场分手戏?

没错,奎斯蒂德小姐在昌德拉球场上向罗尼提出分手,在此之前他们因看待印度人,主要是看待男主角阿齐兹的问题上产生了巨大分歧,于是两人进行了一段非常冷静克制的交流。分手也在这种非常和平的氛围中谈妥。两个人好像都很满意。紧接着,他们两人说了下面几句话:

"我们一直都以非常英国化(British)的方式来对待这个问题,不过我想这没什么不好。"
"既然我们都是英国人(British),我想是该这样。"
"不管怎么说,我们没有吵架,罗尼。"
"哦,要是那样可就太荒唐了。我们干吗要吵架呢?"
"我想我们应该继续做朋友。"
"我知道我们会的。"
"正是。"

我在这里注意到的,倒不是他们的冷静克制,而是两个英国人在印度因为一个印度人(或者一群印度人)而发生争执从而导致情侣分手,结果却有趣地促成了他们俩对自己"英国人"身份的共识。福斯特敏锐地抓住了这一点,又赶紧补上一句:"一旦互相交换了这一承诺,两人心里都感觉涌过一阵宽慰,然后宽慰感又转变为一股柔情,涌流回来。"他还盖棺论定地说,将他们分开的"是经历,而非性格"。所以你看,福斯特的"印度之行"到头来发现的不是印度,而是英国以及"英国性格"。

这也让我想起 V. S. 奈保尔曾提过的福斯特的另一部代表作《霍华德庄园》(一九一〇年)里的一个场景,虽然那本小说的主题和印度无关。

她浏览这家餐馆,欣赏它那精心布置、反映我们国家光辉历史的陈设。虽然比不上吉卜林的作品那么老旧,那么充满古英国气息,但这家餐馆却能精心挑选它的摆设,唤起人们的记忆。她实在挑不出什么毛病来。它为大英帝国培育的官员,从外貌上看来,跟亚当斯牧师和汤姆·琼斯颇为神似。四下响起零零碎碎的交谈声,听起来怪刺耳的。
"你来了!今天傍晚,我就会拍发一封电报到乌干达……"[1]
——《霍华德庄园》

福斯特在小说中描绘的餐馆,坐落在伦敦斯特兰德街上。奈保尔一针见血地指出,福斯特通过对这个餐馆的描写,揭露了一个沉迷于工业和帝国势力中的英国民族神话所蕴藏的矛盾。在奈保尔看来,那时人们的一言一行都虚浮于事实之上,与实际生活极为扞格,有很强的表演性。仿佛大家都在努力扮演一个传说中的英国人——某一阶级的英国人。正所谓现实隐藏戏剧,戏剧隐藏现实。

---

[1] 译文引自 E. M. 福斯特:《霍华德庄园》,苏福忠译,上海译文出版社,2016年。

是的，一切都给人一种在表演的感觉。我们不妨再来读读奎斯蒂德小姐和罗尼的对话，那种克制，你细品品，对于现在的人来说，难免有些假惺惺的意味。

如果我们把《霍华德庄园》中的餐馆，和狄更斯在七十几年前为大卫·科波菲尔或是皮普所设计的旅馆做个对比，那么效果会更其明显。那时小说中的人物不会对自己的"英国性"那么在意，甚至根本不知何谓"英国人"，作家们更关注一种普遍的个体命运和自我。越往后，成为英国人，或者作为英国人，成了小说家审视、聚焦的关键所在。

其实就算是狄更斯，在他的最后一部长篇小说《我们共同的朋友》中，那个波茨纳普先生也开始强调，他以身为英国人为荣了。

如果从狄更斯再退后五十年，也就是我们开头提到的简·奥斯丁与黑斯廷斯的时代，这种鲜明的民族性格是很难想象的。我想对于简·奥斯丁来说，英国也好，西印度群岛也好，或者印度大陆也好，不过是一些地理名词罢了，做英国人是无需赘言的事。顶多它们还具有一点财富的象征意义。当她在《傲慢与偏见》中借柯林斯牧师谈到德布尔小姐时，她确实提到英国，但我们可以明显感觉到，那个英国没有任何感性色彩。

不幸她身体单弱，不能进城去。我那天跟凯瑟琳夫人说，英国王宫里因此损失了一颗最绚丽的明珠。

虽然"英国"（British）没有感情色彩，但那时的小说里到处都有一种洋溢着的俏皮和青春。用奈保尔的话说，简·奥斯丁那个时期是一个"崭新的、自我发现的时期"，狄更斯发现英国，伦敦发现"小说"这种文学形式，连济慈和雪莱的诗作也都展现出前所未有的新气象。可是骤然间，英国步入了中年，它开始踌躇满志、沾沾自喜。自我发现的过程结束了，英国的国家神话建立了。同样的一个单词，在简·奥斯丁和福斯特看来，却能产生两种截然不同的含义，而在这两个词之间阻隔着的，是英国一百多年的工业发展和帝国势力扩张。

这也就不难理解在《印度之行》这部小说中，罗尼所代表的帝国统治者对印度本土人士那种根深蒂固的偏见了。当一个阶层步入"中年"，它会越来越固执己见，居高临下。而对于莫尔太太和奎斯蒂德小姐来说，他们当然不是罗尼的阶级敌人（他们都是自己人），只是如福斯特所言，初来乍到，两位女士还"经历"得太少，以至于分不清"敌我"。一旦发生"车祸"，看见"非我族类"的危险，奎斯蒂德小姐在球场上那信誓旦旦的分手宣言，就变成了言归于好的情感黏合剂。

当然对于小说家福斯特来说，他理解英国人在印度的这种偏见，并通过《印度之行》展现和批判了它。这是他高于同时代小说家的地方。虽然在那时，福斯特的名望远不如同样写海外题材的其他小说家。

梁老师这里说的同时代小说家，一定有在《霍华德庄园》

里斯特兰德街上那家餐馆里的吉卜林吧？他是福斯特和康拉德的同时代人，也是诺贝尔文学奖得主。在他们的时代，吉卜林的文名远超后两位，他对印度以及东南亚地区的绘声绘色的描写，早已成为西方人看待东方（印度及东南亚）的权威视角。

没错，正是吉卜林。经过近一百年的历史沉淀，当下读者似乎要将这位名家遗忘了。

在我看来，吉卜林的小说风格特别像《印度之行》开篇"清真寺"里，昌德拉布尔行政长官为了满足莫尔太太和奎斯蒂德想要了解印度的需求，而在英国人的俱乐部里举办的"桥会"。看似印度人与英国人欢聚一堂，但其实都是各自站在各自的地方，互相不打招呼，也不走动，全靠猜测和耳语揣摩彼此。

吉卜林的印度是"盎格鲁-印度"式的印度。我们在阅读他的作品时，表面上看是在阅读印度、了解印度，可实质上呢？我们其实是在看生活在印度的形形色色的英国人，各种各样典型的英国人。说得刻薄些，吉卜林笔下的人物是"在印度做个英国人"。他的作品之所以在当时受到西方读者的热烈追捧，恰恰就是因为在这一点上满足了读者的期待——你如果想知道英国人是如何统治印度的，就看吉卜林。吉卜林笔下的人物，时时刻刻都能意识到自己"在印度"，以及知道自己与印度的不同，并天然具有一种因这种不同带来的欣喜和自傲（《印度之行》里的俱乐部成员亦复如是）。这样一来，就如同我们刚刚谈到的那段对话一样,在吉卜林的人物身上,表演痕迹过重。他们的言行似乎都在满足某种帝国的期待,满足作为"英国人"的某种"人设"。

刚刚说到《印度之行》里昌德拉布尔的俱乐部,我记得在吉卜林的《自述》这本书里,他说,在印度拉合尔,他每天傍晚都会到俱乐部用餐;在那儿,他常常遇到刚刚拜读过他前一天写的作品的读者。吉卜林很珍惜这种机缘。俱乐部会员的赞许和认可,对他来说非常重要。这里你也可以看出他的读者是谁了。无论是谁,可以肯定的是,绝不会是印度人。

奈保尔因此把吉卜林定位成"俱乐部作家"。他认为吉卜林太诚实、太单纯也太热心。他相信他的阶层、他的英国让他相信的一切神话,以至于当他用他的才华开始创作时,他笔下的人物也都表现得如他相信的那般充满自信和安全感。但现实的印度绝非如此。

毛姆也曾洞穿"吉卜林神话"的夸张矫饰(或者用你的话说,天真之处),并对其暗暗嘲讽了一番。

从这个层面,我们反观福斯特的《印度之行》的创作,就会看出格局的高下。

要知道福斯特早在一九一三年就已经写了这部小说的头几章,然后就被他束之高阁。直到他第二次去印度之后,也就是一九二二年,才重新创作这部作品,在他写给马苏德(也就是

《印度之行》题献的那个与福斯特有十七年友谊的赛伊德·罗斯·马苏德,他作为印度人曾备考牛津大学,而福斯特做过他的辅导老师,从此二人成为莫逆之交)的信里,坦陈:

在我刚开始创作这本书的时候,我是想在东西方之间架起一座小小的同情之桥,但是现在我不得不放弃这种想法。我本人对于真相的了解让我无法写出这么令人舒服的东西。我觉得印度人和英国人多数是一样的,都是垃圾,所以我再也不关心他们是不是彼此怜悯了。[1]

我们可以从中明显感觉到一种灰暗的调子,相比于"成为英国人"的坚定自信,福斯特与他的时代格格不入。而这种不祈求理解的消极态度,恰恰让福斯特跳出了俱乐部圈子,扩张出更大的视阈,只不过,如同奎斯蒂德对阿齐兹医生的指控一样,跳出一个圈子的行为并不等于对另一个圈子的认同,最终得到的真相往往是彻底的失望和仇视。正如福斯特借助莫尔太太之口所说的那句颇具虚无主义色彩的话一样:"悲悯,虔诚,勇气——它们都存在,不过并没什么不同,淫猥和肮脏跟它们也是一回事。一切都存在,却全都毫无价值可言。"

---

[1] 译文引自温蒂·莫法特:《一段未被记录的历史:E. M. 福斯特的人生》,王静译,黑龙江教育出版社,2017年(以下简称《一段未被记录的历史:E. M. 福斯特的人生》)。

福斯特的与众不同,让他的"去印度"并不是去完成一个帝国对自己公民身份的塑造——就像那时候英国中产阶级成年的男子都要去欧陆旅行(the grand tour),以完成对自身阶层身份的确认一样——显然,《印度之行》这部作品带给我们的思考更为复杂,超越了"英国人"的概念。福斯特那看似消极的背后,为什么要以和解作为结束?也许这和福斯特本人独特的人生经验有关,特别是他复杂的性取向。

■印度这块土地上存在着一种神灵,它竭力使人们长期处于各自分割的状态,阿齐兹向它提出了挑战,所以遇到了一个接一个的困难。

转型之作，或曰，我想我不是个小说家！

E. M. 福斯特生于一八七九年，卒于一九七〇年，终年九十一岁。相比于他的同时代人，例如吴尔夫、凯恩斯，他真的非常长寿了。然而相对他的年岁，他的作品数量却少得可怜，如果不算在他死后才发表的《莫瑞斯》，《印度之行》这部他在一九二四年完成的作品就是他的告别之作。只不过当时大多数人都觉得这是福斯特创作转型的开始。那时他四十五岁，在他接下去的近五十年的时光中，福斯特再也没有写过新的小说，他转而以记者和评论家的身份继续着他的思索。

说到转型，了解福斯特的人都会自然而然地觉得《印度之行》是他伟大的作品，也是他的作品谱系里极为各色的一部，它的独特自然会让人觉得是他有意为之的突破。

为什么可以这么说呢？我们不妨从一九二四年向上追溯，《霍华德庄园》《最漫长的旅程》《天使不敢涉足的地方》《看得见风景的房间》，他的这些作品都是典型的英国风味、英国配方，他仿佛天然的、驾轻就熟地采取了简·奥斯丁、乔治·艾略特的手法来表现自己的道德世界。他习惯把情节设定在家庭范围内。家庭的方寸之间——英国的无数小说家都在其中做了颇多探索。只不过，二十世纪初的福斯特利用前辈们的主题——婚姻方面明智的选择的探讨，礼仪和个人自由之间的较量，内在生命的道德复杂性，小群体施加个体道德行为的压力等——来关注自己本身。正如他的传记作家所总结的，他的写作不需要憧憬未来,但会重新定义那些陈规陋习。

是的,如果没有《印度之行》,从他早期的作品来看,你会觉得他像奥斯丁一样,是一名在"小小的两寸象牙上"描绘自己版图的典型英国作家。然而我们看福斯特在一九一一年六月的日记就会发现,早在出版这部书的十几年前,他就对这种"英国传统"感到厌倦了。

厌倦了自己只写男欢女爱的主题。[1]

那么,是什么促使他做了改变呢?我想这涉及我们对《印度之行》这部作品的主题的概括。我的概括是,这部作品是在探讨一个印度人和一个英国人是否可以成为朋友。

你是说,阿齐兹和菲尔丁?还是阿齐兹和奎斯蒂德?又或者是阿齐兹和莫尔太太?

也许这些人的关系都可以涵盖在里面。福斯特一方面厌倦了传统的英国家庭、婚姻主题,但另一方面,他绝不是要抛弃它们,而是想着如何能够突破或者说更新这个主题。我在看他的日记的时候发现,他自己已经与当代的小说家脱节了。在小说的萌芽阶段,其所有的文学形式都非常新颖,小说的目的是

---

[1] 译文引自《一段未被记录的历史:E.M.福斯特的人生》。

真实地展现生活的样貌——但福斯特所崇尚的十九世纪的小说写作惯例,在他的时代已经成为某种束缚。对他而言,简单地用"非常古老的回答——婚姻"来给小说结尾是一种固执甚至浅薄的做法:"艺术家们现在意识到,婚姻作为一种古老的结尾方式,根本就不是终点。"通过一段婚姻来分析故事情节是喜剧必不可少的部分,但在福斯特看来,少数作家盲目的乐观主义是不诚实的行为:"将生活描绘成玫瑰花床的作家也许因他的天真受到夸赞,但他无法得到自己良知上的支持,因为他知道,在任何情况下,健康天真和真理完全不是一码事。"[1]

其实福斯特所感觉到的小说形式(英国小说)的某种式微,也可以从与他同时代的其他声名显赫的小说家的风格中看到线索,比如俄国的陀思妥耶夫斯基、挪威的易卜生,包括英国的托马斯·哈代。这些人也都是福斯特仰慕的对象。他们的作品几乎都是悲剧性的,真理恰恰藏在这些悲剧里。但这些人几乎都摒弃了"婚姻""家庭",或者说亲密关系这类叙事模子,从而展开新的美学视野。福斯特,正如梁老师所说,似乎也有些不甘心,他想在这个"传统"里搞些花头。

是的。我想这方面和他成长的环境有关。要知道,福斯特的父亲很早就去世了。他的妈妈一辈子未再嫁。除了几次远行,福斯特一直都和母亲生活在一起。

---

[1] 本段译文引自《一段未被记录的历史:E. M. 福斯特的人生》。

这让我想起了日本的小津安二郎。

福斯特和小津,他们自己也都是一生未婚的"黄金单身汉"。也许不同的是,福斯特的妈妈有点神经质,控制欲很强。福斯特曾对朋友抱怨说,只要他在家里,他就会过一种小女孩式的生活。除了母亲,福斯特的家庭关系里还有姑妈,以及这些女性亲人的闺蜜们。她们几乎都是典型的维多利亚时期的中产阶级,福斯特从小耳濡目染,在她们喝下午茶的谈话中听到的无外乎都是谁缺乏足够的教养啦,谁表现得太粗俗啦,谁家又买了新的窗帘或是新奇的壁纸啦。在这样的环境中,福斯特当然无法从同阶层那里得到那种超越"喜剧性"的悲剧感氛围,但也正是因为这样的环境,才促使他在长大后转而"向下超越",跨越阶级界限。也就是说,他认为接近与自己不同阶层的人会是打开自己的视野的重要方式,即使那意味着一定的风险,也值得一试。

我记得,福斯特在剑桥毕业后,曾短暂地在一所工人阶级的学校里教过书。而他教授的课程似乎就叫"小说中的悲观主义"。

没错,如同狄更斯或者盖斯凯尔夫人的《玛丽·巴顿》《南方与北方》这样的作品,让福斯特跳出同温层,实现他自己的某种"道德义务"。

了解或帮助穷人,或者知道有多少穷人,会使我们丢失自己的灵魂——这种情况是非常可怕的,比如:贫穷、婚姻生活和大部分家庭生活都不利于爱情和光明的前途,对于那些被强加游戏规则的人来说,他们开始计划接触死亡与腐朽,我相信这是因为他们在本质上是善良的。[1]

听你这么一说,我们再回顾福斯特所有作品里的人物关系时,就能发现几乎他的每一部作品中都有这样一组跨越阶级界限的人物关系:《霍华德庄园》里的伦纳德·巴斯特;《看得见风景的房间》里的父子;《印度之行》里的印度人与英国人;以及《最漫长的旅程》里的里基·埃里奥特与他同父异母的弟弟斯蒂芬·旺哈姆。

说到《最漫长的旅程》,我想再多说一点,我觉得这部在《印度之行》之前的作品,似乎完美地体现了你提到的福斯特对英国文学传统中"婚姻""家庭"主题的发展。这部体量不大的小说被福斯特分成三部分,并且模仿托马斯·哈代《无名的裘德》的结构,通过三个地名(也就是人物的生命轨迹)来结构全书。有意思的是,福斯特这次没有像《看得见风景的房间》那样把"爱情-婚姻"作为主轴,而是在叙事上给这一主题次要的位置,且篇幅很有限。用他的话说,"在现代小说中,不管对一位女性还是对她的丈夫而言,婚姻无疑都不是终点"[2]。

他转而用大部分精力着墨里基与斯蒂芬以及妻子阿格尼丝

---

[1] 译文引自《一段未被记录的历史:E.M.福斯特的人生》。
[2] 译文引自《一段未被记录的历史:E.M.福斯特的人生》。

关于遗产继承的相互算计与揣测。在看似是要落入"家庭-财产"的窠臼中时,福斯特让读者发现,他在探讨的是更为深处的心灵,他将阿格尼丝的中产阶级价值观与斯蒂芬的私生子、乡下人并峙,并全部投射在主人公里基·埃里奥特的身上,让看似极具英国传统风味的故事有了俄国小说那种"罪与罚"的深度。这样的突破让福斯特直陈这是他写得最开心的作品,也让他彻底明白了,对他而言,结婚是多么糟糕的念头。

在这部作品的开头,福斯特引用雪莱的那首诗《灵魂的分身》,恰也与我们上面谈的这个主题相符,我把它抄录如下:

> 我从未依附于那伟大的宗派,
> 宗派的教条是每一个人都应该选择,
> 一位极好的情人或者朋友,
> 剩下的全部,虽然公平、明智,给人留下,
> 冷漠的遗忘——虽然它是现代道德的法则,
> 这条被踏平的道路,
> 那些贫穷的奴隶迈着筋疲力尽的脚步在上面跋涉着,
> 他们越过尸体走回家,
> 在世界宽阔的大路上——也有一位心情悲伤的朋友,
> 也许是一位心存嫉妒的敌人,
> 通往……最沉闷、最漫长的旅行。[1]

---

[1] 译文引自 E. M. 福斯特:《最漫长的旅程》,苏福忠译,上海译文出版社,2016年。

我想这部小说中里基·埃里奥特与斯蒂芬·旺哈姆的关系，从某种程度上也能看作阿齐兹医生与菲尔丁关系的一个前奏曲。从此，福斯特表面上写了许多男女关系，而实质上，他开始关注男男关系的世界。这种"隐秘的盛开"某种程度上也造成了他的小说创造生涯在一九二四年骤然终结。

这和他一生不曾公开的同性恋身份有关？

你记得《印度之行》的最后，阿齐兹和菲尔丁有一段骑马的情景。

可这并非那两匹马的愿望——它们突然间分开了；这也并非大地的愿望，它长出块块岩石，两位骑手没办法并排穿过；那些神庙，那个水池，那所监狱，那座宫殿，那些鸟儿，那堆腐肉，那幢迎宾馆，他们从岩隙间出来、俯瞰马鸟时看到的这一切：这并非它们的愿望，它们以其上百种的嗓音齐声说，"不，还不是时候，"头顶上的天空则应和道，"不，并不在这里。"

对福斯特来说，这个结尾写得非常露骨，两人欲语还休，感觉就快要亲上了。那份友谊里分明透着某种渴望彼此结合的欲望。

但你要知道，在福斯特的一生中，全世界对同性之恋始终存在着严重的偏见。在福斯特才十六岁时，奥斯卡·王尔德这个风流成性的文人便因此入狱，在当时身败名裂。二战结束后，美国的非美活动调查委员会以"冷战"政治对抗的名义,开展"薰衣草恐慌"行动,目的是彻底根除社会上存在的同性恋者。而在福斯特生活的伦敦,警察通过诱捕的方式逮捕同性恋者,他们的个人信件会被毫无理由地没收。这也就不难想象福斯特的遗作《莫瑞斯》——也许是世界上第一部同性恋小说——只能在他死后出版了。

他似乎一度烧掉了这本小说,后来又悄悄重写,但一直秘不示人,直到一九五二年年初,在朋友的几番劝说下,他才同意在自己死后出版《莫瑞斯》。而除了《莫瑞斯》之外,福斯特还有相当数量的同性恋中短篇小说被他束之高阁。这种"不能发表"的客观困境,应该也导致福斯特最终早早终结自己的创作之路。

我们知道了福斯特的这个秘密,由此回过头来再去想他那所谓"转型",他那从"婚姻"中出走的亲密关系,就顺理成章了许多。他在写完《印度之行》后曾和弗吉尼亚·吴尔夫深入交流过自己的想法,吴尔夫把他们的对话写在了自己的日记里:

> 普鲁斯特和大卫·赫伯特·劳伦斯相比,他说他更想成为劳伦斯;但是他还是宁愿做自己。我们讨论了他的小说。"我想我不是个小说家。"他如是说。然后我突然说:"对,我也觉得你不是。""呀!"他马上惊叹道。他兴趣盎然,但也没特别感动。[1]

---

[1] 译文引自《一段未被记录的历史:E.M.福斯特的人生》。

你看吴尔夫最后似乎对福斯特"没特别感动"感到有些不理解,对她来说,她似乎看懂了他,他们是知音。但是对福斯特来说,吴尔夫只从小说本身看出了福斯特的"其然",但她无法真的洞悉福斯特的"所以然"——就是他的性取向的秘密,而这个"所以然"也是他深藏不露,无法向他这位女性友人坦陈的,就像他一生也无法告诉他的母亲这个秘密一样。但他还是以自我安慰的口吻对吴尔夫说:

我一点都不为我的写作事业感到沮丧。[1]

事实上,在福斯特开始着手完成《印度之行》前,他在埃及亚历山大的爱人穆罕默德·艾尔·阿多刚刚因病去世。福斯特一直保留着穆罕默德写给他的最后一封短信:

亲爱的摩根:
我给你寄来了照片　我很难过　我没什么可说的了　我的家人都很好。请代为问候你的母亲。我爱你　我爱你　我爱你　不要忘记你曾经的朋友

穆·艾尔·阿多[2]

这么说,从一九二二年到一九二四年,在福斯特与爱人告

---

[1] 译文引自《一段未被记录的历史:E. M. 福斯特的人生》。
[2] 译文引自《一段未被记录的历史:E. M. 福斯特的人生》。

别,写完《印度之行》之后,其实是对自己那"说不得"的秘密的一次彻底掩埋,更是对内心深处那个自我的彻底放逐。虽然《印度之行》的出版使他获得了詹姆斯·泰特·布莱克纪念奖的最佳小说奖项,这本书也成为畅销书,可谓名利双丰收。但这些在福斯特看来都颇具自嘲意味。

有名有财,悲惨可怜,长相丑陋——鼻子又红又大,头顶中央有一个圆形的胎记,我大部分时间都记得它的存在。我没洗头的时候它是棕色的;洗头的时候它是粉色的。这张脸从远处看完全是革新俱乐部的写照——像蟾蜍一样,还面色苍白。在三角脸的上方有一缕头发。我自甘堕落的程度惊人。我很惊讶,我看不顺眼的东西并没有增多:我还可以去认识我想要认识的人,我还想象自己充满魅力且帅气十足……腹部渐渐隆起,但在马甲的遮盖下还不是很明显。肛门上的毛发都打结了,性能力也大不如前——一九二一年至一九二二年的时候还是很强的。视力和听力可能都有所下降。[1]

---

[1] 译文引自《一段未被记录的历史:E. M. 福斯特的人生》:福斯特在他四十六岁时的生日那天所写的日记。

▲想必我们都会同意,小说的基本层面就是讲故事的层面。

讲故事，或曰，低级的返祖形式！

梁老师，在《印度之行》这一谈的最后，我想和你聊聊福斯特的《小说面面观》。他于一九二四年封笔，一九二六年春天，他受邀到剑桥大学三一学院进行克拉克讲座，这个讲座是英国文学史上继乔叟之后几乎涉及所有题材的一个经典系列讲座。而福斯特的题目是"小说的形式诗学"。对于现在的读者来说，他的这些讲座仍然颇具启发意义，主要是在叙事学上——小说如何讲故事？小说都做了哪些尝试？从人物刻画到情节设置、到现实主义的表达，等等。

是的，福斯特的这个讲座在日后被整理出版，现在早已成为名著。咱们的篇幅有限，我想，我们不妨就从两点来谈福斯特小说创作的技巧，并力保举出具体的例子，便于读者理解，比如咱们今天谈的《印度之行》中的人物、情节。

我这里首先想请你注意他对"讲故事"的态度，福斯特当然明白，小说就是要讲故事，但他一直以来似乎都不甘于只讲故事，他自己就曾说："我倒宁肯希望事实并非如此，我宁肯标举节奏或是对真理的领悟，而不是这种低级、返祖的形式。"[1]

但事实上，福斯特的小说每一部（就长篇小说而言）都是故事性极强的，这不矛盾吗？

---

[1] 译文引自 E. M. 福斯特：《小说面面观》，冯涛译，上海译文出版社，2019年。

这就是有趣的地方！你看《印度之行》中的那段话：

生活的绝大部分都是如此枯燥乏味，根本就不值得一说，那些将其描绘得趣味盎然的书籍和言论，全都是迫不得已的夸大其词，无非是为了证明其自身存在的合法性。蛰伏在工作或是社会义务的蚕茧中，人类灵魂大部分时间都处于休眠状态，虽能记录下欢欣与痛苦的不同，却绝不像我们假装得那般活跃警醒。即便是在最为令人兴奋的日子里，也大多会有什么都没有发生的死水般的时刻，虽然我们持续不断地大喊"我快活极了"或是"真是吓死我了"，其实我们根本就是在惺惺作态，言不由衷。"就我的感觉所及，我觉得享受或是恐怖"——事实不过如此，而一个经过精确校准的有机体则会对此三缄其口。

从这段话中我们发现，福斯特所想讲的"故事"，都有一种"骤然性"，它不同于他的好朋友弗吉尼亚·吴尔夫那种抓住瞬间的经验的写作技法，这种计划高度依赖时间的因果连续。福斯特另辟蹊径，毕其功于一役，讲述那些骤然发生的东西。我们不妨回顾一下他小说里的"骤然事件"。

《印度之行》里奎斯蒂德小姐在石窟中突发的"癔症"导致阿齐兹被捕；《最漫长的旅程》里杰拉尔德突然死于一场足球赛，从而直接促成了日后阿格尼丝和里基的婚姻；《霍华德庄园》里威尔科克斯太太的溘然长逝；《看得见风景的房间》里在罗马广场上的行凶案。

这么多突发事件，不仅没有使福斯特的故事死亡，反而引发出后续一连串的故事匣子，他这样做确实有言行不一致之嫌。

要用我的话说，这是福斯特的"暴力美学"。

怎么理解呢？

简单说就是打破简单的因果律，从而使事件和事件之间的联系出现一种"灵异"的感觉。前一部分戛然而止，后一部分骤然豁开。比如《印度之行》里的"石窟之谜"，其实至今读者也不知道石窟里究竟发生了什么，但这个事件本身却突然截断了之前阿齐兹与莫尔太太以及奎斯蒂德小姐的友好关系，也为后续菲尔丁与阿齐兹的纠葛关系打开了新的可能。在《小说面面观》里，福斯特通过拆解组成小说整体的各个要素，提出每一个要素都是在为了成就另一个要素而做出妥协。而这种"骤然性"就是某种牺牲单一因果律而产生的化合物。

最终的感觉（如果这是个精巧的情节的话）将不会只是线索或因果链的杂陈，而应是一种在美学意义上紧凑简洁的整体，这种结果本来可以由小说家直截了当地交代清楚，只不过如果直截了当地交代出来，就一点都不美了。[1]

---

[1] 译文引自 E. M. 福斯特：《小说面面观》，冯涛译，上海译文出版社，2019年。

我的理解是，这样做破坏了小说既有的因果，让情节因果关系变得异常复杂，福斯特暴力的一击，没有使小说故事加快结束，反而将其复杂化、莫名化了。读者突然失去了阅读的抓手和判断是非的准头。就像《印度之行》，乍看之下，我会觉得小说的核心冲突是种族之间的鸿沟，而在"洞窟事件"之前，作者似乎都在以罗尼所代表的一方与奎斯蒂德小姐所代表的一方作为标尺，进行有条不紊的叙事（当然，这样的叙述确实如福斯特所言"一点都不美"），但读者预设的判断一直存在，阅读时心是安的。可"洞窟事件"一发生，一切都变了，敌我变了，人物的内心活动一下子被神秘化了，对所有的情节都无法遽下判断。纵使有我们第二部分谈到的他的"双重生活"的隐私在里面，单就叙事技巧上说，故事本身变得有了"大有深意"又"不明觉厉"的意味，耐人琢磨。

你总结的阅读感受非常到位。而为了达到这种"美"，福斯特还启动了另一种技能——意象。不知你注意到没有，在小说中福斯特安排了一只黄蜂一直飞在莫尔太太周围。在大卫·里恩改编的电影里，这只黄蜂不见了，只在电影最后法庭审判时出现了一个空中飞虫的镜头（大概只有一秒钟），我认为去掉这只黄蜂是这次改编的一个败笔，虽然整体上我是很认可大卫·里恩的改编的。

黄蜂第一次出现在：

她去挂斗篷的时候，发现挂钩上趴着一只小黄蜂。白天的时候她已经见识过这种黄蜂或是它的近亲；它们并非英国的黄蜂，而是长着长长的黄腿，飞的时候拖在身后。也许它错把挂钩当成了树枝——印度的动物全都没有任何室内室外的概念。……它蜷缩在挂钩上，酣睡着，平原上则传来胡狼充满渴望的狂吠和人们咚咚的击鼓声，两种声音和谐地交织在一起。

"可爱的小家伙，"莫尔太太对那只黄蜂道。它仍在酣睡，而她的话音却漂浮出去，为这个本就颇不安宁的夜晚又增添了一丝纷扰。（第39页）

这个场景第一次出现时，我想没有读者会在意，毕竟这只是一个非常小的细节描写。可你越往后看越会发现，这只小黄蜂就一直这么飞来飞去。飞着飞着，就飞出点东西来了。

那么黄蜂呢？当问题延展到黄蜂身上时，他开始变得心神不安了，急于改变话题。还有橙子、仙人掌、水晶和泥浆呢？还有索利先生体内的细菌呢？不，不，这扯得实在是太远啦。我们必须得把某个人从我们的聚会中剔除出去，否则就根本没有我们的份儿了。（第43页）

遍体油脂和尘土的戈德博尔教授，其精神的生命再一次得到了扩大。他再一次看见了莫尔太太，而且愈发鲜明生动，以及她身边模模糊糊又挥之不去的种种烦恼和困厄。他是个婆罗门，她是个基督徒，可这又有什么关系；她的出现到底是他记忆的错觉，抑或心灵的感应，又有什么不同！那是他的职责，亦是他的愿望，将他自身置于神明的位置去爱她，同时又将他自身置于她的位置去向神明呼唤："来吧，来吧，来吧，来吧。"这就是他所能做到的一切。多么微不足道！但是每个人只能按照自己的能力和禀赋各尽所能，而他知道自己的能力非常渺小。"一个英国老妇人和一只很小、很小的黄蜂，"他一边思忖一边走出神庙，步入大雨倾盆、灰蒙蒙的清晨。"看似微不足道，它仍旧比我是我自己更为意味深长。"（第370页）

这么出现了三次，这只小黄蜂所具有的神秘性与莫尔太太在小说的最后被"封神"就形成了一种说不清也无法说的神奇效果，这就是福斯特的意象美学。这有点像中国的点穴功夫，或者意在言外的写意山水。

就是不断点你，给你暗示。一次是偶然，两次、三次过后，其义自见。感觉我们说出了一种禅机。福斯特厉害的地方就是巧妙而恰如其分地安排这些意象在小说情节中出现，这样就把具体的因果、人物与这个小细节产生的观念联系在了一切，形成了一种"超越因果的因果"。

凡此种种，福斯特关于小说形式的理论思考影响深远，超越单线的因果，创造看似无物的意象，从而重新嫁接出新的结构。你看《霍华德庄园》里的"庄园"，《看得见风景的房间》里的"房间"，这些个意象，一直虚浮在小说的叙事层面之上，但读者一旦读下去，就总忘不了，总觉得它的背后大有深意。我觉得福斯特的写作和思考非常值得探究，他是小说从传统的现实主义，向新的层次递进的代表性人物，这个新的层次，我们姑且叫它现代主义吧。

你刚刚也提到大卫·里恩改编的电影。他确实是忽略了（也许是有意忽略？）这只小黄蜂的象征意义。从这个角度看，电影中莫尔太太的态度转变就显得有些"硬"，无论是对奎斯蒂德小姐的态度，还是后来她在亚丁船上的突然死亡，这些都让观众有点"没抓住"。

是的，但是反过来，莫尔太太的突然死亡，其实又是一个福斯特制造的"骤然性事件"，虽然没有小黄蜂"敲边鼓"，但这个突如其来的"终结"本身也让基于因果逻辑推演的法庭审判失去了意义，从而造成了某种混乱效果，在电影里就表现为法庭外的印度人不明就里地呼唤着莫尔太太的名字，将一个英国人塑造为印度的"神"。所以我才说大卫·里恩的改编是成功的，他在他的影像化处理中尽最大可能忠实于原作。

他真是一位很厉害的导演，现在似乎都快被观众遗忘了。看他的电影是个体力活，因为片长动辄都要四小时以上。除了《印度之行》，他的《桂河大桥》《阿拉伯的劳伦斯》都是很经典的作品，而且从某种程度上说，他的电影正是在探讨我们今天所讨论的"英国性格"。《桂河大桥》里被俘的英国军官，那种古板和不知变通但又精益求精的特点让人印象深刻。

说到《阿拉伯的劳伦斯》,你知道它是根据《智慧七柱》这部非虚构的作品改编而成的吧,其内容是作者的亲身经历。作者在当时的英国,或者说欧美世界非常出名。他的形象和事迹,恰恰符合了那个时代的西方人对东方世界的期待,以及西方人通过东方世界对自身角色的设定。福斯特一度非常崇拜他,和他有关的私交我现在已经记不清了,但隐约记得《印度之行》的写作,在某种程度上也受到了这位阿拉伯的劳伦斯的影响。不光是福斯特,康拉德也对他赞誉有加。

■由于其方法或题材的怪异,它需要你额外的心理调试●它就仿佛你花了入场费后还要再为余兴节目额外付个六便士。

黑暗的心
Heart of Darkness

■若无特殊说明,本日引文内容均出自约瑟夫·康拉德:《黑暗的心》,黄雨石译,人民文学出版社,2011年。

■我认为这是康拉德的点睛之笔。他让原本被他已经颠倒了的文明的秩序又重新归位——让生活在欧洲的白人们继续生活在自己的幻想之中——马洛这么说,你觉得他会高兴吗?我觉得他是在把悲伤留给自己。
●康拉德掀开了石板,但只是给人们匆匆看了一眼,然后立马再盖上。这种处理方式余味无穷。

做个波兰人,或曰,永不回头!

梁老师,这次和你聊康拉德的《黑暗的心》,似乎和当下时局颇为巧合。很多人知道康拉德,都是把他当作英国作家看待的,有的顶多会加上他的波兰裔出身。但很少有人知道,约瑟夫·康拉德从今天的地缘政治版图上讲,应该是个乌克兰人。

乌克兰和波兰这些东欧国家,在历史上其实是很悲惨的。康拉德作为波兰人,他出生在现在乌克兰的别尔季切夫,而当时的别尔季切夫又是被沙俄所统治着的。在这个层面上,他无奈地又会被当成是俄国人。

历史上,这块土地似乎天然就存在着非常多的矛盾。

没错。讲到波兰,特别是康拉德出生前(康拉德于一八五七年出生)的波兰,我们不得不提的就是波兰作为一个国家,曾在世界地图上消失了长达一百二十三年的时间。而在这一百多年的时间里,它一直被沙俄、普鲁士和奥地利三个列强所瓜分。其中俄国攫取了波兰将近百分之六十的土地(那时就是著名的叶卡捷琳娜大帝时代)。其中就包括现在乌克兰东部、中部的领土。康拉德出生的时候,就是俄国占领这些领土的时候。

无论是属于波兰还是沙俄,抑或乌克兰,康拉德的故乡似乎都是一个地缘政治复杂,各个民族和国家混杂的地方。这造成了当地人很复杂的归属与认同。

其实那个地方现在也是如此，拥有四种语言、四种宗教。说俄语的属于东正教；说波兰语的大都是知识分子、地主阶层，他们大都是罗马天主教；而农民、奴隶则说乌克兰语，他们多是东仪天主教会的信徒；商人又多为犹太人，说意第绪语，信仰犹太教。康拉德的家族属于第二类，即说波兰语的阶层，也是对波兰认同度最高的阶层，并且他们还是其中非常特殊的一类。

似乎是贵族？

波兰语叫"什拉赫塔"。他们次于我们所说的传统意义上的欧洲贵族，但又兼具士绅阶层和贵族的品质，他们这群人占说波兰语人口的百分之十左右。也是因为这个出身，康拉德对波兰的认同相比于当时其他的阶层要深刻得多。事实上，他的父亲阿波罗也是一位波兰诗人和民族革命斗士，他正是在为波兰反抗沙俄的斗争中被迫害并流放的。

康拉德的这种童年背景，决定了他对波兰的理想主义情感（虽然他选择远离家乡，做一个英国人），同时也让他一辈子厌恶俄国，包括俄国的文学，康拉德似乎非常不喜欢陀思妥耶夫斯基。

他父亲在他十一岁的时候就去世了，但在后来他开始创作小说时，我们很容易看出他对父亲及波兰情感的体现。特别是如《在西方目光下》这类直接接触沙俄政治阴谋的小说里。刚刚我们也说，阿波罗还是个文人，他曾翻译西方作品，雨果的《海上劳工》、狄更斯的《荒凉山庄》都曾一度是康拉德的枕边书。对于康拉德，我想他的父亲应该是寄予了很高的期望的。

然而，康拉德之后的人生却基本上与波兰脱离了关系。这算不算一种背叛呢？

我觉得这是一个非常复杂的问题。文学史上的移民作家所在多有。远的不说，我们之前提到的 V. S. 奈保尔，以及前几年获得诺贝尔文学奖的石黑一雄，还有鲁西迪，都可以被看作与康拉德相似。但说他们背叛了自己的国家似乎就不合适了。只不过，相比于康拉德所处的时代——那是民族国家正开始萌芽、发展的时期，爱国似乎是很严肃的道德问题。而到奈保尔，那时已经是后殖民时代地球村了。这可以从他写的"印度三部曲"中充分体现出来。

印度只是奈保尔脑海中悬浮着的国度，并非现实。

话说回来，我想到的是，康拉德出生的那一年，克里米亚战争刚刚结束，我们在历史课本上专门学过这一课。当时英国、法国、土耳其打败了沙俄，这从一定程度上也动摇了沙俄对波兰的统治，让如阿波罗这样的斗士看到了波兰获得独立的希望。为此他还为将要受洗的小康拉德写了一首名为《致吾儿——生于受俄国压迫的第85个年头》的诗。

> 保佑你,我的小儿,
> 做一名波兰人!虽然敌人
> 也许会在你眼前展开
> 一张幸福之网
> 放弃这一切,热爱你的贫穷
> 宝贝儿子,告诉你自己
> 你没有土地,没有爱,
> 没有祖国,没有同胞,
> 而波兰——你的母亲躺在坟墓里。
> 因为你唯一的母亲已死——可是
> 她是你的信仰,你殉道的棕榈
> 这一信念会使你的勇气增长,
> 赋予她与你永生。[1]

老父亲对他寄予了殷殷希望——"做一名波兰人"。我想,如果康拉德的父母不是那么早逝的话,也许我们就看不到这些小说了。我们也就不会在今天讨论《黑暗的心》了。

所以说"儿孙自有儿孙福",就算父母计划得再好,到头来

---

[1] 译文引自杰弗里·迈耶斯:《约瑟夫·康拉德传》,付裕译,南京大学出版社,2021年(以下简称《约瑟夫·康拉德传》)。

也都是徒劳。

除了身世,集中在康拉德身上的疑问还有很多,比如他为什么会选择用英语写作。要知道康拉德在一八七四年,也就是他十七岁的时候就离开了波兰。他首先去的国家是法国,并在马赛开始了自己的水手生涯。一八七四年应该说是康拉德人生最大的转折,从此他斩断了自己的"根",决定不再做波兰人,与他身后的那些文化、历史、传统,以及父亲的爱国主义决裂。用他自己的话说,"在接下来的二十年,大海将成为我的世界,商船队将是我唯一的家"[1]。

从记载上看,康拉德似乎很喜欢说法语,他在法国一共待了差不多三年,法语也是他除母语外掌握的第一门外语。马赛那自由奔放的多元文化和阳光明媚的温暖气候,无疑都给康拉德的人生提供了许多难忘的第一次。最重要的是,他是在说法语的船上开始自己的航海生涯的。而直到一八七八年他踏上英国的土地,他也才只知道几个简单的英文单词。

这就更奇怪了。康拉德的小说既不是用波兰语写的,也不是用他显然掌握得更好的法语写的,偏偏是英语,这也导致人们普遍将他当作英语作家。从康拉德的经历看,这一点难免会让人费解。虽然历史不能假设,但康拉德的语言天赋似乎也能

---

[1] 译文引自《约瑟夫·康拉德传》。

■一堆乌云遮住了远处的海面,通向天涯海角的静静的河道在阴云密布的天空下流淌●像是通向无尽的黑暗的最深。

助他成为很好的法语作家或波兰语作家。

他为什么用英语写作？这个问题确实很难回答。刚刚我们谈到他出生的地方多语种混杂，这也许造就了他天生的语言学习天赋，在中东欧国家，那里的作家很多都有多语种写作的能力。但康拉德为什么不用母语写作？我们不妨看看他自己怎么说：

先生，我太过珍重我们美丽的文学（指波兰文学），以致我无法把它用在我笨拙的胡言乱语中。但就英语而言，我的能力足够，还可以维持我日常生计。[1]

这样的说辞显然没有什么说服力。

但如果从另一个层面理解这一说法，似乎并无不可——康拉德是想和自己的父辈区别开来——即同样作为文学家的父亲阿波罗区别开来。要知道，他父亲的文名在当时的波兰语世界可是响当当的。而对于康拉德这样一个从波兰"逃离"的少年，在开始自己的创作时，当然也不会希望有任何出身的阴影成为自己绕不开的阻碍。

就像很多人成年后无法与原生家庭"和解"一样。

---

[1] 译文引自《约瑟夫·康拉德传》。

也许就是这样的。而另一方面，虽然康拉德崇拜的文学偶像多为法国作家，比如福楼拜、莫泊桑。但法语作为他的语言，仅仅被使用了三年多一点。而英语呢，自一八七八年他踏上英国的土地到他开始创作人生的第一部小说，其间整整有十一年的时间，在这十一年里，他的日常生活都浸淫在英语环境中。他一方面向英国的渔夫、水手习得英国口语，一方面又大量阅读雪莱、拜伦、莎士比亚的作品。于是，他在高与低之间形成了他的思维、思考习惯。

还有一个可能的方面我觉得也很重要，在我们观察康拉德最初的创作题材时，会发现它们多为东南亚地区的故事，如《阿尔迈耶的愚蠢》《海隅逐客》《吉姆爷》《救援》《阴影线》以及《"水仙"号上的黑水手》等。而这些取材自自身经历的航海之行，都是在英国的船队中完成的。因此，当康拉德开始从事创作，想起一个个故事与人物时，他的思维逻辑自然都是英语式的。

关于英语写作这一点也让我想到另一个原因，我们都知道康拉德的妻子是英国人——一名出身英国农村，没怎么受过教育的城郊打字员。一个贵族出身的水手和一个家境平平，读书不多的乡下姑娘，这个看似不怎么搭的组合，把康拉德和英国、英国的日常生活，甚至未来他们的英国孩子紧紧地绑在了一起。起码就像你说的，这一切在潜移默化中塑造着康拉德的英语思维方式。

是的，我觉得这一点一定有影响。康拉德作为用英语写作的作家和他是个英国作家——二者完全是两个概念。作为一辈子都漂泊在水上的波兰人,他对英国文化的理解是很浅显和现在时的。就像他曾对朋友抱怨,他不明白简·奥斯丁有什么好看的一样。他的写作和英国文学传统的关系,绝非如同样写过异域题材的福斯特那样顺理成章。

这其实从他喜爱福楼拜、亨利·詹姆斯、普鲁斯特等就能看出来。关于康拉德英语写作的问题,他在晚年写给波兰朋友的信中也有所谈及,并将其称为自己的双重遗产。他还向朋友坦言,他在海上和陆上都采用英国人的身份思考,但这不能代表他自己就是英国人。事实绝非如此。对我来说,"双重人"不止一种含义。从中也能看出他与英国文学、文化的某种距离感。而用英语写作对他似乎是某种策略之选。

是的,虽然他和普鲁斯特的小说风格南辕北辙,但你注意他们的手法——都是通过回忆启动,然后在回忆中填充细节的。而英国人视角——《在西方目光下》这本小说中英国语言教授的角色设置就是一个很好的证明。他让小说的叙事更趋客观和全面。

刚刚梁老师提到的康拉德东南亚题材小说的创作,其实也是我在关于康拉德创作上的另一个疑问,就是他的创作为什么会从东南亚,或者说中南半岛、爪哇岛这个地域开始呢?

据康拉德自己所说，推动他写作的是一种隐秘、模糊的需求，是一种不见踪影、难以解释的现象。其实有他父亲的家学渊源在前，再加上之后他自己海上生活的大量阅读体验，可以说康拉德从事创作本身是一个自然而然积累的结果。

而为什么会在（东南亚）这个区域，我想这就是一种机遇，也是巧合。那时候康拉德刚好经常进行"东向"的航行，并且有机会深入爪哇岛深处，接触不同种族的人，比如阿拉伯人、泰雅人等，并且从他们那里了解到白人，主要是英国人和荷兰人的种种腐败与堕落。你会发现描绘这类人在之后成为康拉德的一大主题。《黑暗的心》里的库尔茨就是如此。

上一回我们在谈《印度之行》的时候提到吉卜林，作为同时代人，康拉德小说的地域版图与吉卜林的重合度非常之高。也许康拉德这位小说嗜读者，在航海途中的甲板上也读到过吉卜林的热带雨林故事，当他产生隐秘的创作冲动时，他可能会想让自己去延续吉卜林的那种风格。

而事实上，康拉德的特殊视野（站在甲板上）让他的小说创作一开始就有别于，或者说高于吉卜林的小说层次——那种奈保尔所谓"俱乐部"小说。我们之前提到过的那位阿拉伯的劳伦斯，就曾对康拉德和吉卜林做过一个很精确的评价，他首先说康拉德的作品总是无法说出他想说的，总是显得悬而未决，让人意犹未尽，仿佛有某件他无法说、无法做或无法想的事。所以他的作品看上去总是比实际的更为博大。紧接着他说：

他和吉卜林旗鼓相当:他是主观世界的巨人,吉卜林则是客观世界的巨人。他们恨对方吗?[1]

在讨论了康拉德之后,接下来就想和你进入他那主观世界,看看他的作品《黑暗的心》。

---

1 译文引自《约瑟夫·康拉德传》。

他本身就是一种无法穿透的■黑暗●我看着他的时候简直像是从悬崖上▲观看一个趟在那永远不见阳光的悬崖之下的人影。

康拉德的鞋子,或曰,时间之洞

梁老师,刚刚我们谈到康拉德在小说中经常喜欢把焦点放在堕落的白人身上,同时在这类引起他隐秘冲动的人周围,我们总是被一种不可毁灭的孤独感包围着、覆盖着,他在遮蔽着那个人的某种隐忧或是灵魂,从生到死,甚至我觉得即使死了,这种氛围依然存在,甚至更强烈。

例如《黑暗的心》中的库尔茨。

没错。关于库尔茨这个人物,我觉得他涉及康拉德创作的技法问题,不妨稍微放在后面一点的位置再谈。

我们聊到《黑暗的心》,我觉得倒是可以先介绍一下这部经典作品的创作过程。这部中篇小说当时是作为康拉德"青春三部曲"的第二部被发表的,其他两部分别是《青春》和《吉姆爷》。这三部作品的叙述者都是四十二岁的水手查理·马洛。我们在感受康拉德对马洛的描述时,一定可以看出康拉德自己的影子。这三部作品合在一起,你可以说它们是关于青春、成熟、衰老的故事。

它的创作时间也很有意思——十九世纪末的最后三年和二十世纪头一年(从一八九七年到一九〇〇年),是名副其实的跨世纪作品。

用文学史的官话说,《黑暗的心》是英国文学史上第一部批判自启蒙运动以来占欧洲主流地位的思想——进步观念——的伟大作品。康拉德从精神层面质疑了西方文明所倡导的价值观。这比我们上一讲提到的《印度之行》早了二十多年。它展现了文明和殖民的利益冲突，描绘了白人和非洲人的灾难性碰撞，提出了从这场斗争中全身而退所需的人道主义价值观。讲述者马洛——康拉德自己的分身——替代库尔茨充当被他丢弃在非洲丛林深处的有良知的欧洲人。在这部小说中，马洛瞧不起他在非洲见过的所有白人（除了一个俄国人）。沿着河流而上，到达"黑暗的心"，马洛越来越与黑人、奴隶站在一起，从他们那原始但又充满理性的行动中，马洛认识到白人在道德上的沦丧与堕落。

《黑暗的心》早了《印度之行》二十几年，但也刚好是在吉卜林发表作品后的近十年时间。正如和你之前谈到的，那时的世界是帝国主义蓬勃的扩张期，"去海外"对英国人来说是再平常不过的思想。而康拉德，这个用英语写作的外来者，却当此之时对这个英国人熟极而流的认识进行了深刻的，甚至令人毛骨悚然的批判，真是很需要勇气。

也或者，他作为外来者没有那么多包袱，不用在意那么多他人的眼光。

话虽这么说，但对维多利亚时期的读者来说，这样赤裸裸地揭露还是令人无法接受的。以至于当时很多人都误解了康拉德想要表达的意思,他们认为天赋异禀的库尔茨就是单纯的精神病(当时"歇斯底里"这个词正在欧洲流行)患者,而这样的人本就不该被派去刚果。更有甚者认为,如果如库尔茨这般被认为是有能力的人去了刚果都会被野化,那么更说明刚果这个地方需要被殖民,让西方文明去开化它。

其实对康拉德来说,这一切的思考都很自然。在写作《黑暗的心》前,他自己就有一次非常不愉快,甚至差点送命的刚果之行。他在那次航行中接触到的人和事,被他直接摹写进小说。比如说库尔茨居住的房屋前用骷髅头装饰的篱笆,在康拉德刚果之行途中结识的朋友罗杰·凯斯门特的非虚构作品《红色橡胶》中就有真实的记载,"有人带了二十一颗人头去斯坦利瀑布,船长用它们来装饰自家前面的花坛"[1]。

相比于欧洲人,康拉德对非洲人充满了同情。如果把《黑暗的心》比作一个所有人物都逐步走向失控的作品,那么里面除了马洛,唯一还受到一些道德约束的就是他的食人族船员们。他们的工资是铜丝,他们少得可怜的食物是腐烂的河马肉,但白人"朝圣者"无法忍受恶臭,将这些肉扔进河里。即使如此,他们也没想到要吃同行的白人——这些人在这趟航行中慢慢饿死。康拉德在这场关于生存与文明的对比中,白人和黑人(甚至是黑人中更为原始的一族)的道德观高下立判。即使作为白

---

[1] 译文引自《约瑟夫·康拉德传》。

人的马洛虽已是其中的有"良知"者,但在面对他的黑人舵手被射杀的危机时,他最先想到的竟然是换掉自己的鞋子——那双鞋已经被灌满鲜血。

小说的开头,船漂浮在英国泰晤士河上,康拉德巧妙地将这个意象和后面船行驶在刚果河上做了对比。他通过把历史倒推,让英国处于罗马帝国的统治下,并如吉卜林一般说出,"这个地方,也一直是世界上最黑暗的地方之一",从而暗示了英国曾经和非洲一样,在所谓更文明者的眼中,也会是一块野蛮之地。

……很久很久以前的时候,在一千九百年以前,那时罗马人刚来到这里——就在前一天……这条河上开始出现了光明,自从——你说骑士们?是的;可那光明完全像在平原上滚动着的火光,也像是云彩里的一道闪电。我们就生活在那闪光之中——但愿只要地球还会转动,它也就不会熄灭吧!

——《黑暗的心》第6页

库尔茨这个角色常让我想起《瓦尔登湖》中的亨利·梭罗。他们都长期处在四下无人,或者说四下无"文明人"的荒野里,人在这种环境中,会被唤起某种野性,而这种野性里一定是含有适者生存,你死我活的残酷在里面的。

我瞥见一只土拨鼠偷偷地横穿过我的小径,就感到了一阵奇怪的野性喜悦的颤抖,我被强烈地引诱了,只想把它抓住,活活吞下肚,倒不是因为我那时肚子饿了,而只是由于它所代表的野性……我发现自己在林中奔跑,像一条半饥饿的猎犬,以奇怪的恣肆的心情,想要觅取一些可以吞食的兽肉,任何兽肉我都能吞下去。[1]

——《瓦尔登湖》

即使这样,我们发现梭罗还是理性的。库尔茨就不同了,在面对蛮荒后他逐步变得走火入魔,似乎野蛮已经侵入他的血管,通过某种不可思议的入会仪式,把他的灵魂牢牢据为己有。

这也让我想起一个人——鲁滨孙·克鲁索,他猎杀羊群,与食人族做斗争。其实在阅读的过程中,我也会感受到如梭罗所说的那种"兽性"的残酷在里面。只不过鲁滨孙和梭罗一样,他们都克服了这种冲动,但库尔茨没有。

这就是康拉德的不同凡响之处!他改写了西方文学的传统观念,让在笛福和梭罗那里被文明压制的邪恶本性得到充分的张扬,从而揭露出西方文明在扩张背后的虚伪本质。库尔茨作为一个极端人物,从他逐步失去信仰、失去理智的状态中,读者真实地感受到了"恐惧"。

就是小说中库尔茨临终喊出的最后一句话:"太可怕了!太可怕了!"("The horror! The horror!")

---

[1] 译文引自亨利·戴维·梭罗:《瓦尔登湖》,潘庆舲译,上海译文出版社,2016年。

与库尔茨相对的,是叙述者马洛的态度。我觉得康拉德的处理是暧昧的。

这也是我第一次读本小说时迷失掉的地方,我不明白马洛对库尔茨到底是爱是恨。

我觉得之所以暧昧,是在于马洛同情或者说认可了库尔茨临终前的自我谴责,那句"太可怕了"道出了一直钳制库尔茨灵魂的"文明–野蛮"的征服观。相比于小说中其他的白人,马洛对库尔茨最终的"悔罪",或者说坦白,表达了钦佩:

……一种肯定的态度,一种道义上的胜利,这胜利是以无数的失败、可厌的恐惧和可厌的得意心情作为代价的。可它仍然是一个胜利!这就是我直到最后,甚至不止最后——比如很久以后,在我又一次听到,不是他本人的声音,而是由一个像水晶山崖般透明的纯洁的灵魂向我投来的他的卓越的口才的回声的时候——仍忠于库尔茨的原因。

也就是说,与其他人的虚伪相比,库尔茨赤裸裸的残忍反而在道德上要正大光明得多。

马洛对库尔茨的这种"认可"也最终引导他回到布鲁塞尔后,去找库尔茨的未婚妻。但他最终没有告诉这个女人真相,而是充满讽刺意味地告诉她,库尔茨死前最后说的话是"你的名字"。

我认为这是康拉德的点睛之笔。他让原本已经被他颠倒了的文明的秩序又重新归位——让生活在欧洲的白人们继续生活在自己的幻想之中——马洛这么说,你觉得他会高兴吗?我觉得他是在把悲伤留给自己。康拉德掀开了石板,但只是给人们匆匆看了一眼,然后立马再盖上。这种处理方式余味无穷。

所以,我刚刚也说,马洛这个角色很暧昧。这本小说只读一遍是很难完全理解的。因为人物内心有矛盾、有纠结。而且这些矛盾、纠结都是病理性的,深入骨髓。

这也让我想起我们一再提起的 V. S. 奈保尔,他在他颇具康拉德风格的代表作《大河湾》中说过一段话,"丛林足以掩盖屠杀的声音,泥泞的河流和湖泊,足以冲走淋漓的鲜血"[1]。

最后,我还想和你谈谈"库尔茨"作为小说技法的话题。

这个就像我们谈福斯特的"小黄蜂"和"莫尔太太"一样,它在某种程度上代表了现代小说技法的转变。前面谈得很多了。这里不妨直接看看你写的《康拉德的鞋子》这篇文章,我认为你分析得很透彻了。

---

[1] 译文引自《约瑟夫·康拉德传》。

我看到了一个不知节制，没有信念，无所畏惧，然而却又盲目地跟自己进行着斗争的灵魂的不可思议的奥秘。▲

附录:

康拉德的鞋子
——《黑暗的心》中的时间之洞

跟你们实说吧,我早已受不了,非去把我的鞋袜换掉不可了。
"他已经死了。"那家伙仿佛十分感动地低声说。
"那毫无问题。"我说,发疯似的扯开我的鞋带。
"另外还有,我想库尔茨先生这会儿恐怕也已经死了。"

我想在文章的开头直接点明我将在后文一再提及的意象,也是本文的题目——鞋子。那双引文里主人公马洛非要换掉、忍无可忍的鞋子。从换鞋开始,马洛的叙述便离开了现实环境中那艘他身处的破旧汽艇——也是《黑暗的心》原本的叙事逻辑——走向天马行空。从此,段与段、句与句之间的连接开始错乱,时常失去逻辑。不曾出现的人物突然跑到读者面前大发议论,后面的情节被强行置入当下的叙述,让读者如堕五里雾中。

万幸的是,还好有鞋子,才控制住了康拉德故事的局面,把飞出去的叙述拉回地表;让这艘驶入丛林深处的汽艇不致偏航太久,让牵引故事的线不致被扯断。

鞋子的段落最初出现在这部小说第六十四页的位置,我的分析也由此起头,至第七十页马洛换上"一双干拖鞋"止。其间鞋子一共出现了四次,如同高速公路上故障车辆放出的应急标识,以提醒叙述者与读者,及时回到故事原本的逻辑轨道,避免"车毁人亡"。作为康拉德最负盛名的小说,《黑暗的心》中文译本大概为一百二十页的篇幅,我所选择的段落恰好处在全书的中心,如同一次叙述风暴,读者将会发现,这短短七页内容就是风暴之眼,随之搅乱的是阅读整本小说的时空观念。为了方便起见,我需要先简单交代一下与此相关的前情。

马洛,鞋子的主人,英国某贸易公司新任代理。此时他正驾驶一艘破旧的汽艇行驶在纵深蜿蜒于非洲大陆腹地的河面上。他的目的是寻找失踪在丛林贸易据点里的另一位贸易代表——库尔茨先生。在行驶途中,马洛的非洲土著助手被丛林两岸射来的长矛击中身亡,助手的血灌满了他的鞋子。

从这段引文而下,也就是马洛脱掉鞋子之后,他首先意识到的是他一直寻找的库尔茨先生也许已经死了,这一想法让他崩溃。

我当时感到无比失望,好像忽然发现,我一直努力追求的一件东西原来是虚无缥缈的。要是我千里迢迢跑到这儿来的主要目的就只是和库尔茨先生谈几句话,我的烦恼心情大约也不过如此了。

寻找库尔茨,原本是贯穿小说的终极目标,是康拉德吊足读者胃口的故事锦囊,却在故事进行到中段被遽然戳破。马洛和读者都有些慌了手脚。

关于库尔茨，我这里借用希区柯克的一个概念作为解释，即麦格芬（MacGuffin）。何为麦格芬？麦格芬就是不存在之物。康拉德对库尔茨先生的叙述，由此可以看作典型的大众情节剧（melodrama）手法。小说在马洛脱掉鞋子之前，完全围绕寻找库尔茨这一叙事动机，而库尔茨也许是个根本就不存在的麦格芬。如同《惊魂记》里玛丽莲从她的老板那儿偷走的四万美金，《黑暗的心》有了库尔茨，便可完全算作一部集惊悚、悬疑、冒险于一身的传奇故事范型。康拉德作为小说家的定位，便可自然而然在哥特小说、言情小说、侦探故事这类大众文化的亚类型中找到合适的坐标。

然而他换掉了鞋子，从中制造出一种叙事的断层，打破原本风平浪静的悬疑故事的封闭逻辑，让一种异样的声音跑了出来。在马洛脱下鞋子之后，鞋子的意象紧接着又出现了两次，康拉德让马洛分两次煞有介事地扔掉脱下的鞋子，如同电影里的高倍速特写镜头，提醒观众注意。在这两次扔鞋动作的间隙，即打破麦格芬后的叙述断层中，康拉德安排了一大段人物心理独白。这是典型的现代主义小说处理手法，我将它概括为两种声音的重叠。

为方便分析，我先将其摘录如下：

我把一只鞋扔到河里去，这时我突然发现这的确是我一直期待着的一件事——和库尔茨进行一次谈话。我奇怪地发现，我从来也没有想象过他在干些什么，你知道，而只是想他正在说些什么。我从来也没有对自己说过"啊，现在我已经不可能见到他了",或者"现在我已不可能跟他握手了",而只是说"现在我已不可能听到他的谈话了"。这个人让人感到他只不过是一个声音……

另外那只鞋也向河神或河鬼那里飞去了。我想,天哪!一切全完了。我们来得太晚;一根长矛、一副弓箭,或者一根木棍,已使他完全消失——使他的才能也消失了。我将永远也听不到那家伙的谈话声了……是谁那么讨人厌地大声叹息,是谁?觉得荒谬吗?是啊,荒谬。我的上帝呀!一个人就应该老是——来,给我一点烟丝……

乍看这两段会令人迷惑。哪儿来的"声音"?"谈话"为什么突然成了马洛的叙事动机?库尔茨,似乎被进一步抽象化为虚无缥缈的言说,而作为活生生的人,这个实体的库尔茨一下子变得不再重要。麦格芬消失,"声音"出场。矛盾的地方也正在这里,马洛并未见过库尔茨,他顶多听到的是小说中其他人的叙述,叙述的也都是库尔茨的行为:他搜集、他交换、他骗取、他偷窃。而马洛充满情绪化和感染力的描述——"那种表现的才能,那种令人迷惑、给人教益的最高尚也最下流的才能,那搏动着的智慧之光"——又分明让读者感觉他确曾听到过库尔茨的声音。那么,是在什么时候?

只能有一种解释,马洛的感觉和记忆系统出现了时间差,两种声音被重叠了。

这里就涉及另一个问题———双鞋,为什么不能一次性扔掉,而非要分成两次?以常人的常识计算,扔鞋的物理时间是很短的,但马洛作为叙述者在讲述他的心理活动时,所用的时间要远远大于"扔鞋"的时间。分两次扔是一种叙事的延宕,用以连接叙述的内容,保持小说的完整性。同样,在这个时差中也泄露了小说有两个马洛的存在,即作为故事行为主体的马洛和置身事外的叙述者马洛。但这两个时间都只是外在性的,一个发生在讲故事的当下,一个发生在故事发生的过去,严格上说,两个马洛都还是绑在同一条时间线上的蚂蚱。

而那"声音"来自未来。

如果读者可以硬着头皮,姑且囫囵吞下这几页,或者干脆跳过,直接从马洛"换上干拖鞋"开始读,就会明白,马洛最终找到了库尔茨先生,并把他带上了自己的汽艇。只不过那时的库尔茨已奄奄一息。他断断续续和马洛说了很多话,怀念自己远在英国的未婚妻;遗憾自己功亏一篑的象牙事业。那时库尔茨躺着说话并最终死去的地方正是马洛的黑人土著助手被刺倒毙的驾驶室。且看这最后的一幕:

在那恍然大悟的决定性时刻,他曾细致地重温过自己的一生,连同一切欲望、诱惑和屈服吗?他耳语似的对着某一神像,某种幻影,发出叫喊——他一共叫了两声,那声音只不过像喘息一样微弱:

"太可怕了!太可怕了!"

至此有必要按照逻辑梳理一下我的分析:
黑人助手的死—马洛的鞋子被灌满血—脱掉鞋袜—意识

到库尔茨先生也许死了—扔第一只鞋—扔第二只鞋—库尔茨的声音

我想再次借用电影的一个术语——"跳接"。在上述梳理中,一切都看似是合乎线性逻辑发展的,客观人物因为客观事件而做出客观反应。但是在阅读中却造成了读者的迷惑,即"声音"是从哪里来的?逻辑的纽扣无声坠落,读者掉进时间之洞。原因在于两个客观的马洛——故事中的马洛和叙述者马洛,在这部分的叙述中,他们的主观映像发生了错位。在读者完全不知情的状况下,叙述者马洛的后见之明跑进了故事中的主人公马洛的脑海,如同时下流行的"穿越"。康拉德用这一跳接的手法,在看似客观的"脱鞋""扔鞋"的动作之间构建了一出出完全主观的意识流游戏。

在此之前,故事中的马洛还没见到库尔茨;在此之前,库尔茨先生是死是活还只是众人的猜测。然而,当叙述人马洛讲出故事中的马洛看见自己的黑人助手的死,从而引起的沮丧情绪时,故事逻辑和马洛的感觉系统便产生了时序的倒错。唤起了叙述者马洛想到之后库尔茨先生的死曾带给他的同样的感觉;想到他听到过的引文中库尔茨临死前的那个声音——"太可怕了!太可怕了!"

两个马洛从黑人助手和库尔茨这两个人身上获得的关于死的相似感受,如同两个文本的碰撞。原本置身事外的叙述人马洛介入故事主人公马洛的情节,从而产生出一种与原本的叙事逻辑一致,但又极为强烈的情绪。叙述人完全跑进了小说的内部,由此消解了读者从外部观看小说的视角,这时似乎很难分辨客观事实与主观映像的界限。引文中的那双"鞋子"作为客观世界的残存物,成为读者在汪洋的意识之海中唯一能够抓住的稻草。或者说,这个意识之海是被"鞋子"的画框框起来挂在墙上的一幅印象派绘画。

其实早在《黑暗的心》开篇,作家康拉德在叙述马洛讲故事的才能时,便点明了这种灵光乍现的印象主义风格:对他来说,一个故事的含义不是像果核一样藏在故事之中,而是包裹在故事之外,让那故事像灼热的光放出光晕一样显示出它的意义来,那情况也很像雾蒙蒙的月晕,只是在幽灵般的月光的照耀下才偶尔让人一见。

从这个意义上看,"鞋子"作为贯穿其中的细节,一举将康拉德从通俗情节剧作家拉进了十足的现代主义小说家行列。在二十世纪初的小说领域,如康拉德这般因一个不经意的感觉看似突然和偶发地潜入小说内部进行写作的小说家大有人在,比如弗吉尼亚·吴尔夫、福斯特等所代表的布卢姆斯伯里团体,以及詹姆斯·乔伊斯,他们都比康拉德要走得远得多。人物在小说中流露出的细节成为诱导读者掉入时间之洞的开关,这些细节,在小说中看上去是那么无足轻重,稍有懈怠便会从眼缝溜走。然而一旦让这些细节成形,便如一个个有力的漩涡,成为小说叙事的话语中心。这一点只要想想马塞尔·普鲁斯特在《去斯万家那边》的开头那著名的描写就能心领神会:一个冬夜,一块在茶水里浸泡过的玛德琳蛋糕的味道引起讲述者内心一阵莫名的欣喜。这欣喜来自何处?那时的作者还是个小男孩,每当星期天走进姑妈的房间,姑妈都会奖给他一块这样的点心。

在这些作家的笔下,讲述者始终是"我",如同马洛。而这个"我"不再是一个从外部世界进行观察的人(这样的"我"活在狄更斯或者左拉的笔下),而是被完全融入情节,由天性中的特质所构成的行为主体。对于现代主义的作家来说,这个"我"所面对的总是突如其来而又破碎不堪的材料,如同没有兔子引路就突然出现的那个促成爱丽丝漫游仙境的洞。也因为突如其来和破碎,才能让小说故事的景深被无限拉长,前景与背景的关系才能任意变幻又相对独立,让不同叙事的时刻得以共存。

可惜有"鞋子"拽住了他,康拉德离这样的现代主义便差了半步。

他的书写远比现代主义的小说家们来得纠结。康拉德似乎有老大的不情愿——安然躺在他"扔掉鞋子"后所创造的时间之洞中。这个"重叠的时间镜像"像是一块烫手的山芋,想吃又怕烫。康拉德的矛盾被詹姆逊在八十几年后分析了出来:康拉德在文学中的地位仍然是悬而未决和不稳定的。他的作品是不可分类的,溢出严肃文学而进入轻松读物的伟大区域,在普鲁斯特和罗伯特·路易斯·斯蒂文森之间不定地漂泊。

当马洛看着"另外那只鞋也向河神或河鬼那里飞去"后,他一声断喝,"是谁那么讨人厌地大声叹息,是谁?觉得荒谬吗?是啊,荒谬。我的上帝呀!一个人就应该老是——来,给我一点烟丝……"——及时地将原本"重叠"的时间分开来,把读者的意识从非洲的汽艇拉回泰晤士河上的甲板。叙述者马洛回到了真实的物理时间。但这并不意味着小说回到了通俗情节剧的模式,"麦格芬"已破,再难回头。

要道出小说接下来的文体变化,请允许我暂时放下对这七页内容的分析,将焦点转移到马洛这一形象上来。

熟悉康拉德小说的读者都不会否认马洛作为叙述者身上所带有的某种"神性"。在《黑暗的心》这部小说里,康拉德曾三次明确写出马洛的这一特点:第一,"马洛盘着腿坐在船尾的右边,身子倚在中桅上。他两颊下陷,脸色发黄,背挺得很直,显得很能吃苦耐劳的样子,由于他两臂下垂,手心朝外,看上去真像一尊神像。"(第4页)第二,"他又开始说道,同时弯起一条胳膊,手掌向外翻,再加上他盘着两腿,那样子真像一尊说法的菩萨,只不过他穿着欧洲人的服装,身子下面没有一朵莲花罢了。"(第8页)第三,"马洛的讲述停止了,他身形模糊、沉默地单独坐在一边,那样子完全像入定的菩萨。"(第108页)

我想指出的是,马洛的神性不是佛教菩萨式的,而是基督教创世和启示的。他永远在海上漂浮,静止地,或站或坐地;在甲板上言说着,偶尔也沉默着,用他缓慢的语言向他的听众讲述过去以及瞬间的视觉印象。马洛的言说姿态,像极了《圣经·创世记》(和合本)的开篇,这里不妨将二者做一个对比:

起初神创造天地。地是空虚混沌。渊面黑暗。神的灵运行在水面上。

神说,要有光,就有了光。神看光是好的,就把光暗分开了。神称光为昼,称暗为夜。有晚上,有早晨,这是头一日。

——《圣经·创世记》(和合本)

我在想着很久很久以前的时候，在一千九百年以前，那时罗马人刚刚来到这里——就在前一天……这条河上开始出现了光明，自从——你说骑士们？是的；可是那光明完全像在平原上滚动的火光，也像是云彩里的一道闪电。我们就生活在那闪光之中——但愿只要地球还会滚动，它也就不会熄灭吧！

——《黑暗的心》第6至第7页

马洛这样具有宗教意味的言说者极易让人想到文艺复兴时期的薄伽丘与他《十日谈》中的十名男女。在那里，小说第一次从高雅的书面语降格为每天轮流讲述民间故事的叙事语调。薄伽丘浸淫在基督教崇高的喻象世界中，却也在十四世纪的意大利充分吸收了来自人文主义的观念，特别是但丁的影响，以及已日渐成熟的市民文化和民间故事传统。用奥尔巴赫的话说，他用一种截然不同的方式发现了现实的世俗世界。

讲述者往往用反讽、谐谑、自嘲又不乏道德训诫的口吻对着听众侃侃而谈，让读者感觉那个说话的人极为敏感、聪慧、狡黠。从某种角度看，《十日谈》中的那个讲述者，就是马洛带有血亲的祖先。前者在山中，后者在海上。

我承认我是自重的，而且也一向为人所看重；可是对于那些看不起我的女性，我干脆说，我并不庄重，而是轻轻的，可以漂浮在水面；我想，如今神父布道和指责人们所犯的罪恶时尚且还净说些笑话和胡闹的话，那么我写这些故事原本是给女人解闷的，里面也就该有这样的东西。

——《十日谈·后记》

我亲爱的伙计们，对于一个纯粹出于一时激动刚把一双新鞋扔到河里去的人，你们能指望他怎么样呢！现在回想起来，我当时没有痛哭一场真是一件怪事。

——《黑暗的心》第65页

薄伽丘发现的世界，是资本主义现实主义小说的滥觞。而这个世界，在生于一八五七年的康拉德眼里已极大扩张，工业资本主义正沿着小说中的大海伸向世界的各个角落，成为霸蛮的帝国主义。马洛的叙述者形象，可以被认为是康拉德在大众通俗文本、现代主义小说之外，继承十九世纪主流文学形式——现实主义小说——后的发明创新。他的"神性"，更具诱惑力和攻击性，用一种过来人的居高临下的姿态俯瞰众生。这也成为注入《黑暗的心》这部小说中的另一股文体力量。

由此让我再次回到对这七页小说内容的分析上来，将注意力转向马洛"出于一时激动刚把一双新鞋扔到河里去"之后的段落。

在深不可测的寂静中，他停了下来，接着一根火柴被划着了，火光照出了马洛的脸，干瘦、疲惫、空虚，满是向下垂的皱纹，眼皮也往下耷拉着，但同时却显出一副聚精会神的样子；

当他使劲嘬着他的烟斗的时候,随着那点小小火光的闪动,那脸似乎忽而从黑夜中走了出来,忽而又退了回去。火柴熄灭了。

要知道,这时故事中的马洛已经打上了赤脚,在接下来的叙述中,直到他穿上鞋子之前,这个马洛都处于缺席状态。"神性"的叙述人马洛成为完全的主导。小说的叙事轰然间失去了一极,被完全抛入现实空间的层面,时间之洞消失不见。

在上面的引文中,康拉德将主语由"我"变为"他",以作者的身份直接介入叙事。从外部将两个马洛完全分开,给予读者透口气的机会,将之前潜入文本内部的声音关掉。故事的叙述由此进入纯粹单维的空间——甲板上。而人物只有甲板上的听众和那个具有"神性"的叙述人马洛。这时,当库尔茨那来自未来的"声音"再次出现——"我的未婚妻、我的象牙"——它们分别代表了十九世纪现实主义小说的两个核心母题:爱情与财富——读者将不再被迷惑。它们以虚幻的声音形式出现在马洛的意识中,固然仍不符合故事的逻辑发展,但因为所有人都知道此时只有一个马洛。他就在读者面前,他就在听故事的人面前,并且他是穿着鞋子的。他那干瘦、疲惫、空虚,同时聚精会神的样子,只会让人相信,故事完全被置于现实的安全空间。他接下来的话都是保有一定距离的对往昔的感伤回忆。

然而这个安全的空间也难免让人感到乏味。当"我的未婚妻"这个声音出现之时,马洛的反应首先是回避:

年轻女人!什么?我刚才说到女人吗?哦,她和这个没有关系——完全没关系。她们——我说女人们——都和这事无关——也不应该参与其事,我们必须帮助她们,让她们始终停留在她们自己的那个美好的天地中。

库尔茨的爱情和婚姻,只能成为一种象征,"我的未婚妻"如同一句术语被置于礼貌的评述之中,显得有些躲闪和冷冰冰。同样,当"我的象牙"成为马洛的注意力焦点时,他展开了对听众的说教:

我说的是实际情况。你们是无法理解的。你们怎么能理解呢?你们脚下有坚实的整齐的道路,四周有好心的邻居,他们随时准备鼓起你们的勇气,或者对你们发动进攻,你们小心翼翼地往来于那肉铺和警察的家门之间,随时对流言蜚语、绞刑架和疯人院怀着神圣的恐惧。

这样的语言带有强制性的伦理判断,好与坏、善与恶都被掌握在马洛手中,如同掌握生杀予夺的大祭司。

马洛,一个完全的局外人,他的叙述让爱情与财富这两个在十九世纪文学中原本复杂多姿的主题,变得极其空心化。它们看似还充当着叙述的中心,却仅仅起到情绪抒发或道德说教的功能,无法成为真正叙事的动力。由此亦可看出在康拉德的文本中现实主义的困境,即缺乏小说叙事的动力。也许这不仅是康拉德的困境,在十九世纪末到二十世纪初这一世纪之交时期,任何完全忠于现实主义小说创作的人,也许都会普遍具有这样的末世无奈吧。

而动力呢,要等到漂浮在非洲大陆河面上的马洛再次穿好鞋子,他掌舵的那艘破旧汽艇继续沿着蜿蜒的河道行驶之时才能真的回来。而读者很快就会发现,康拉德的时间之洞并没有再次打开,回来的只是一个双线平行的叙事结构,一出回忆与冒险杂糅的线性小说。但是那个处在小说中心的漩涡,那个时间之洞,却仍持续启发着读者的阅读感受。以致当真的库尔茨先生出现又逃跑,并最终死去时;当马洛回到英国后真去拜访库尔茨先生的未婚妻时,读者会有震惊式的感动,仿佛参与了人物的前世今生,仿佛认为他们就是我们中的一个。

康拉德出生的十九世纪五十年代,是诞生《包法利夫人》《荒凉山庄》《简·爱》的年代,那也是工业资本主义迅猛扩张的年代;他去世的二十世纪二十年代,是吴尔夫、乔伊斯受人追捧的时代,那也是第一次世界大战与帝国主义发展的时代。同样,那还是廉价小说、侦探故事以及电影等大众通俗文化开始被消费的时代。虽然,他没能成为上述的任何一种类型的作家,也没有人会将他与同他年纪相仿的托马斯·哈代、左拉进行比较。康拉德本身就是一个复杂的矛盾体。从某种程度上说,他的小说是历史结构断裂与转型的缩影。他在三种文体间构建的离心式的旋转运动,以及三种叙事方式在那个占据七页篇幅的中心的相继出现,彼此打破,又相互牵引,越转越快的同时,又都不可放手,一旦有一方挣脱,小说的月光宝盒便会立马失去魔力。

图书在版编目（CIP）数据

文学七日谈：与梁永安聊文学 / 梁永安，刘盟赟著.
—上海：文汇出版社，2022.11
ISBN 978-7-5496-3903-8

Ⅰ.①文… Ⅱ.①梁… ②刘… Ⅲ.①世界文学—文学评论—文集 Ⅳ.①I106-53

中国版本图书馆CIP数据核字（2022）第190551号

文学七日谈：与梁永安聊文学

作　　者 / 梁永安　刘盟赟
责任编辑 / 戴　铮
封面设计 / 汤惟惟
版式设计 / 汤惟惟
出版发行 / 文汇出版社
　　　　　上海市威海路755号
　　　　　（邮政编码：200041）
印刷装订 / 上海普顺印刷包装有限公司
版　　次 / 2022年11月第1版
印　　次 / 2022年11月第1次印刷
开　　本 / 787毫米×1092毫米　1/32
字　　数 / 146千字
印　　张 / 7.75
书　　号 / ISBN 978-7-5496-3903-8
定　　价 / 56.00元